꽃꽂이로 피워낸 일상 속 예배,
하루 한 편의 글로 마음에 씨앗을 심다

하나님의 정원에서

유 명 순 지음

대경북스

하나님의 정원에서

1판 1쇄 인쇄 2025년 8월 11일
1판 1쇄 발행 2025년 8월 15일

발행인 김영대
펴낸 곳 대경북스
등록번호 제 1-1003호
주소 서울시 강동구 천중로42길 45(길동 379-15) 2F
전화 (02) 485-1988, 485-2586~87
팩스 (02) 485-1488
쇼핑몰 https://smartstore.naver.com/dkbooksmall
e-mail dkbookss@naver.com

ISBN 979-11-7168-107-5 03810

※ 이 책은 저작권법에 따라 보호받는 저작물이므로 무단전재와 무단복제를 금지하며, 이 책 내용의 전부 또는 일부를 이용하려면 반드시 저작권자와 대경북스의 서면 동의를 받아야 합니다.

※ 잘못된 책은 구입하신 서점에서 바꾸어 드립니다.

※ 책값은 뒤표지에 있습니다.

추천의 글

꽃처럼 아름다운 사역과 신앙의 여정

생물학적으로는 다를 수 있겠지만, 나무는 나이를 먹는 것처럼 보입니다. 나이테가 그 세월을 증명하니까요. 하지만 꽃은 나이를 먹지 않는 듯합니다. 늘 제때에 피어나고, 그 순간마다 가장 아름다운 모습을 보여주니까요. 어쩌면 그것이 꽃의 가장 큰 매력인지도 모르겠습니다.

꽃처럼 고우신 권사님께서 꽃으로 사역하시니, 권사님의 삶 또한 꽃과 같은 인생이라 느껴집니다. 하나님께서 주신 꽃꽂이 달란트로 하나님의 영광을 드러내시는 가운데, 그 작품을 보는 이들이 큰 은혜를 받고 있습니다.

이번에 출간된 책은 권사님의 아름다운 사역과 신앙의 여정을 담은 귀한 열매라 생각됩니다. 책 출간을 진심으로 축하드리며, 이 책을 통해 많은 이들이 감동과 영감을 얻게 되기를 바랍니다.

하나님께서 권사님께 주신 미적 감각과 창의력이 앞으로도 계속 발전하여, 더 많은 작품을 통해 하나님의 신성과 능력이 드러나기를 소망합니다.

더불어 그리스도의 향기를 품고 살아가는 복된 삶이 되시기를 진심으로 축복합니다.

동원교회
담임목사 김준희

추천의 글

꽃으로 말하는 신앙 고백

꽃은 보는 이로 하여금 입가에 미소를 짓게 한다. 꽃이 가진 아름다운 색깔과 향기, 그리고 자연의 순수함이 사람들에게 기쁨을 준다. 꽃은 특별한 순간을 더욱 의미 있게 만들어 주기도 한다. 그래서 꽃이 전달될 때는 꽃만 가는 것이 아니라 사랑과 행복도 함께 간다.

이렇게 좋은 꽃을 사람들은 자신의 사진첩에 담아 놓고는 가끔 꺼내볼 뿐 평소에는 잠재워 둔다. 그에 반해 본서를 보고 읽으면서 저자는 잠자고 있는 꽃들을 깨울 뿐 아니라 세상 밖으로 날개를 펴게 하는 듯하다.

꽃이 너무 아름다우면 사람들은 눈으로만 보는 것이 아쉬워 그 꽃에 코를 갖다 댄다. 몸으로도 느끼고 싶어서 그러는 듯하다. 저자의 글이 그런 느낌이다. 책장을 넘길수록 기대감과 함께 눈으로만이 아닌 코를 갖다 대어 그 향취를 맡고 싶은 충동을 일으키게 한다.

저자의 꽃 이야기를 보고 있노라면 맛깔나는 엄마의 밥상처럼 느껴지

다가도, 부분 부분에서는 활기가 넘치는 장정의 패기가 느껴져 나도 모르는 힘이 솟는 듯하다. 무엇보다도 꽃의 매력은 조화인데 저자의 작품은 조화를 넘어서 하나의 완전한 결정체가 서 있는 듯하다.

저자의 고운 마음이 그대로 담겨 있는 꽃 이야기와 함께 주님을 향한 순수한 신앙 고백은 독자로 하여금 신앙 고백에 동참하게 만든다. 필자의 순수한 마음이 그대로 독자들에게 전달되었으면 좋겠다.

세광교회
담임목사 채수영

추천의 글

샤론의 꽃이 아름답게 쓰임 받기를 기도하며

'인생은 하나님께서 허락하신 만남의 연속입니다.'

제가 유명순 작가와 처음 만난 곳은 신학교입니다. 이후, 지금까지 하나님 나라의 동역자로서 함께하면서 그의 '글'과 '꽃꽂이'를 가까이서 지켜보곤 했습니다.

신학교 동문이요, 동역자로서 지금까지 유명순 작가를 지켜보면서 하나님 나라의 사역을 '글'과 '꽃꽂이'를 통해서도 얼마든지 멋지게 펼쳐 내고 있음에 감탄과 찬사를 보내는 바입니다.

그의 '글'이 내용이고 음식이라고 한다면, 그의 '꽃꽂이'는 형식이고 그릇이라고 할 수 있습니다.

그는 '글'로써 주님 사랑이 진하게 배인 맛깔스러운 음식을 '꽃꽂이'라고 하는 예쁜 그릇에 담아서 많아 사람들에게 맛과 향기를 전하고 있습니다.

특별히 구약의 절기와 신약에 예수님의 생애 꽃꽂이를 통해서 표현해 내는 절묘함과 탁월함이 있으며, 감상하는 우리는 감동과 은혜로 스며들곤 합니다.

그의 꽃은 살아있는 생명체로서 어느새 우리를 성경의 세계로 안내하고 있으며, 그의 글은 책 속에 갇힌 활자가 아닌 꿈틀거리는 언어로서 우리의 내면을 파고들고 있습니다.

모쪼록 '글'과 '꽃꽂이'를 통해서 하나님의 말씀인 성경과 샤론의 꽃이 예수 그리스도를 증거하는 사역에 아름답게 쓰임 받기를 기도하며 응원하는 바입니다.

어~성경이 읽어지네! 강사

김예환 목사

추천의 글

우리 오래오래 꽃향기 전하며 살아요

"저 장미꽃 위에 이슬 ~~
우리 서로 받은 그 기쁨을 알 사람이 없도다"

찬양처럼 유명순은 나의 마음 한 곳에 늘 자리잡고 있었습니다. 꽃집에서 함께 일하며 힘들 때 서로 의지하며 용기를 주기도 했고, 자상하고 명랑한 성격으로 주변을 늘 행복하게 하였습니다.
옆에 작은 꽃 한 송이를 내 머리에 꽂아주며 이쁘다고, 나를 덩실덩실 춤추게 했던 일이 생각 납니다. 그녀는 꽃을 만지며 "너는 왜? 이렇게 예쁘게 생겼니?"라며 소녀 같은 모습으로 "우리 오래오래 꽃향기 전하며 살아요." 했던 시절도 있었습니다.

현재는 한국기독교 꽃꽂이선교회 예배부장으로 섬김에 감사합니다. 누구나 환영하는 매월 첫 월요일 11시 학여울역 앞 극동교회에서 예배드리며, 회원들의 예배와 교재 가운데 미리 보는 교회 절기별 시범 작품과 프린트 강의를 통해 정보 교환과 친교 하는 유익한 시간을 함께 공유하고 있습니다.

꽃을 생화라 하지만 예쁜 작품이 일주일이면 시들고 허물 때면 고약한 냄새를 풍기며 마음을 아프게도 합니다. 그러나 또 새로운 작품을 구상하여 나뭇가지를 세우고 구부려 꽃에 물을 주고 최대한 싱싱하게 유지하도록 하는데, 꽃꽂이의 반복되는 성취감과 신비한 매력이 있습니다. 이 책을 통하여 독자들이 간접적으로나마 느끼고 볼 수 있는 좋은 기회가 될 것입니다.

하나님이 선물로 주신 자연을 벗 삼아 작품에 의미를 부여한 아름다운 책 출간을 진심으로 축하드립니다.

한국기독교 꽃꽂이선교회
이사 엄정희

추천의 글

꽃을 매개로 한 인연

플로리스트 유명순 선생님의 책 출간을 진심으로 축하드립니다.

저는 1999년, 하나님의 은혜 가운데 아름다운 꽃을 매개로 유명순 선생님과 인연을 맺게 되었습니다. 그 만남은 지금까지도 지속적인 유대와 깊은 신뢰로 이어지고 있습니다. 선생님께서는 꽃꽂이 수업을 통해 수많은 제자들을 양성해 오셨고, 그 배움의 자리마다 향기로운 나눔이 있었습니다.

신학 공부를 마치고, 전도사로서 10년간 사역에 헌신하시며 지치고 상처 입은 이들에게 하나님의 따뜻한 사랑을 전해주시기도 했습니다.

늘 한결같은 열정으로, 믿음 안에서 성령의 불꽃을 피우며 살아오신 선생님의 삶에 귀한 열매가 맺히게 된 것을 진심으로 기뻐하며 축하드립니다.

이번에 출간되는 책은 성전 꽃꽂이 사역에 힘쓰는 많은 이들에게 값진 길잡이가 되리라 믿어 의심치 않습니다.

앞으로도 식지 않는 열정으로 주님의 아름다우심을 꽃으로 노래하며, 더욱 빛나는 꽃 디자이너로서의 사역을 이어가시기를 기대합니다.

하나님의 크신 은혜와 축복이 선생님의 삶 가운데 늘 함께하시기를 기도드립니다. 감사합니다.

한국 꽃꽂이협회 가연회

회장 김영희

추천의 글

마음 속에서 넘쳐나는 사랑의 힘

유명순 작가님의 《하나님의 정원에서》 출판을 진심으로 축하합니다.
먼저 긴 시간동안 주님을 사모하고, 자신을 가꾸고, 가족을 사랑하고, 인간을 사랑하는 유명순 작가님의 《하나님의 정원에서》를 출판하게 됨을 진심으로 축하합니다.

함박웃음을 웃으며 거침없이 다가오는 작가님의 몸짓에, 숨이 넘어가는 듯 아슬아슬하게 작가님과 나는 그렇게 인연을 맺었습니다. 작가님은 내가 불안하고 힘든 하루하루를 살아갈 때에도 늘 웃게 해주고, 긍정의 힘을 불어넣어 주었습니다. 그럴 땐 모든 게 만사형통. 어디서 그런 힘이 나올까? 신앙심이었을까? 지금도 궁금합니다.

자신의 인생을 남에게 맡기지 않고, 스스로 이끌어 가는 작가님의 모습은 내게 늘 새롭게 다가왔습니다. 꽃꽂이 강좌의 사승관계로 맺어진 인연이지만, 나는 작가님을 항상 인생의 스승이요, 동반자로 생각합니다. 현모양처이면서 자신이 설 자리도 굳건히 다지고 있으니 더욱 존경스럽습니다.

요즘 손가락만 까딱하면 다 이루어지는 인공지능이 만연하는 시대에, 남을 위해 기도하고, 묵상의 말씀과 손수 꽂은 꽃꽂이로 우리를 치유해 주려는 그녀의 마음은 그저 놀랍기만 합니다. 이런 힘은 작가님의 마음 속에서 넘쳐나는 사랑의 힘이 아닌가 합니다. 신앙으로 다져지고, 자연을 사랑하고, 인간을 사랑하고, 자신을 사랑하는 작가님의 내공의 힘이 아닐까 합니다.

또 작가님은 늘 움직입니다. 인간은 많은 것을 알고 있지만, 알기만 하고 행동하지 않습니다. 작가님은 행동으로 옮깁니다. 내가 작가님을 좋아하는 이유입니다. 가끔 전화기 너머로 들려오는 목소리는 작가님을 더욱 보고 싶고 그리워지게 합니다. 이제 《하나님의 정원에서》를 통해 나의 지친 삶과 그리움을 달래보려 합니다. 작가님이 거기 있으니까요. 분명 이 책을 읽는 모든 이들도 많은 위로와 쉼을, 그리고 큰 힘을 얻으리라 생각합니다.

수원대학교 미술대학원 객원교수
황연섭

추천의 글

꽃 한 송이 색감 하나하나에 담긴 기도와 묵상

유명순 작가님은 피아노 수업을 하면서 인연을 맺게 되었습니다. 신앙적으로나 음악적으로나 꾸준한 노력과 실천을 이어온 분으로 늘 깊이 있는 통찰과 따뜻한 시선을 동시에 지닌 저자입니다.

꽃은 하나님의 창조 세계를 아름답게 드러내는 선물 중 하나입니다. 이 책에는 꽃 한 송이 색감 하나하나에 담긴 기도와 묵상이 조화롭게 어우러져 있습니다.

꽃꽂이 속에서 우리는 하나님 앞에 엎드린 저자의 마음을 읽게 되고 그 안에서 우리의 마음도 자연스럽게 고요한 예배로 이끌려 갑니다.

믿음의 여정을 걷는 분들에게 그리고 예술과 신앙의 만남을 기다려온 이들에게 이 책은 깊은 위로와 영감을 줄 것입니다.

저자의 손끝에서 탄생한 이 작은 꽃 제단들이 독자 여러분의 하루에도 은혜의 향기를 남기기를 기도하는 마음으로 이 책을 추천합니다.

라라피아노
원장 박정선

추천의 글

꽃보다 아름다운 당신

꽃을 무척 좋아하며 꽃을 사랑하는 당신!

가끔은 몸과 마음이 지쳐 있을 때에도 꽃을 만지면 생기가 솟아 나서 얼굴이 환해지고 입가의 엷은 미소까지 먹으며 생글 생글~.

꽃꽂이로써 복음을 전하고자 하는 꿈을 책으로 완성한 당신의 열정에 아낌없는 박수와 격려를 보냅니다.

하나님의 은혜로 지금까지 밝은 웃음으로 열심히 살아온 현숙한 여인! 노년이 더욱더 꽃처럼 아름다운 삶이 되길 기도합니다.

남편 임무희

들어가는 글

꽃으로 드리는 예배

나는 어느 날, 꽃 앞에 오래도록 멈춰 서 있었습니다.
그날의 꽃은 유난히 향기로웠어요.
그리고 꽃은 나에게 조용히 말을 건네는 듯했습니다.
"나는 여기 있어요. 당신이 멈춰 주어 감사해요."
이 작은 생명은, 아무 말 없이 나를 위로하고 있었습니다.
무릎 꿇고 기도하는 것처럼 가지를 내리고,
한 손 들어 찬양하는 것처럼 꽃잎을 펼친 그 모습에
문득, '꽃도 예배를 드리는구나.'라는 생각이 들었습니다.

그때부터였습니다.
내 손으로 꽃을 꽂는 시간은 단순한 장식이 아니라,
마음의 기도가 되고,
찬양이 되고,

회복이 된다라는 것을요.

이 책은
하나님께 올려드리는 꽃 한 송이의 예배입니다.
매장마다 다른 꽃꽂이와 그에 어울리는 묵상의 글,
그리고 성경 말씀을 곁들여
계절 따라, 절기 따라, 인생의 감정 따라
하나님 앞에 드리는 한 송이의 고백을 담았습니다.

또한 하루의 바쁨 속에 잠시 멈춰
"꽃처럼 나도 주님 앞에 피어나고 싶다."라고 고백하는
당신을 위한, 한 송이의 위로이자 초대입니다.

이 글을 읽는 모든 분들이
꽃을 통해 하나님의 마음을 만나고,
삶의 자리에서 다시 피어나는 은혜를 경험하시기를 기도합니다.

2025년 아름다운 가을,

유명순 드림

차 례

추천의 글 _ 꽃처럼 아름다운 사역과 신앙의 여정 _ 3
추천의 글 _ 꽃으로 말하는 신앙 고백 _ 5
추천의 글 _ 샤론의 꽃이 아름답게 쓰임 받기를 기도하며 _ 7
추천의 글 _ 우리 오래오래 꽃향기 전하며 살아요 _ 9
추천의 글 _ 꽃을 매개로 한 인연 _ 11
추천의 글 _ 마음 속에서 넘쳐나는 사랑의 힘 _ 13
추천의 글 _ 꽃 한 송이 색감 하나하나에 담긴 기도와 묵상 _ 15
추천의 글 _ 꽃보다 아름다운 당신 _ 17
들어가는 글 _ 꽃으로 드리는 예배 _ 18

제1장 감사의 윤슬 위를 걷다 _ 25

1. 감사 : 윤슬_27
2. 감사 2 : 넘치게 하라_30
3. 감사 3 : 흐르고 흘러 _33

4. 감사 4 : 육십을 넘어_38

5. 부유함 : 큰 사랑의 울림 속에서_41

6. 선물 : 나_44

제2장 계절과 절기로 피어나는 예배 _ 45

1. 협업 : 얼마나 기뻐하실까_51

2. 나타남 : 눈에 보이는 사랑_55

3. 기억 : 보혈이 흐르는 자리에서_58

4. 연합 : 나는 주님 안에 주님은 내 안에_63

5. 시작 : 지금도 살아계시다_66

6. 빛 : 하나님 나라의 기둥 _70

7. 뿌리 : 그리움은 이슬처럼_73

8. 충만 : 내 삶의 중심에_77

9. 나아감 : 기억하고 나누며 즐거워하는_82

10. 영광 : 글로 피워 낸 순종의 꽃_86

11. 전화위복 : 따뜻한 풍요로움 _89

12. 기다림 : 하얀 사랑의 마라나타 _92

13. 약속 : 너 가진 것 중 가장 좋은 것을 주께 드려라_95

제3장 삶으로 드리는 꽃 같은 찬양 _ 101

1. 웅장함 : 하나님의 인도하심 _103
2. 깨달음 : 오늘_106
3. 멈춤 : 촛불 앞에서 _109
4. 적절함 : 하얀 마음으로 이어주는 사람_112
5. 섬세함 : 실수를 통해 배우다_115
6. 희망 : 다시 나아가고 싶다_118
7. 만개 : 염려 대신 은혜를_122

제4장 하나님의 정원에서 자라는 나의 마음 _ 125

1. 동행 : 준비_127
2. 성찰 : 뿌리와 열매 _130
3. 오늘 : 선물임을 _133
4. 전하기 : 그리스도를 아는 냄새_137
5. 다시 : 새롭게 피어나는 찬양_140
6. 회복 : 주님이 보내신 위로 한 송이_143
7. 깨움 : 영혼들을 바라볼 때_147
8. 예쁨 : 셋의 마음_150

9. 평온 : 주님 품으로 가는 길_153

제5장 감정과 관계 속에서 피어난 이야기 _ 157

1. 미소 : 단비가 되고 싶은 하루_159

2. 아름다움 : 꽃처럼_162

3. 정상 : 예쁜 단어들 _165

4. 괜찮아 : 이런 날_168

5. 풀다 : 내려놓음_171

6. 위로 : 엄마가 그리워_174

7. 고백 : 한 몸인 것 같아 _177

8. 사랑 : 피어나다_181

9. 존경 : 존귀한 헌신_185

10. 배움 : 아름다운 향기로 수를 놓다_189

11. 헌신 : 그 시간들_193

화형에 대하여 _ 198

계절에 따른 꽃꽂이 _ 206

나가는 글 _ 210

제1장

감사의 윤슬 위를 걷다

햇살이 물 위에 부서질 때, 그 빛을 '윤슬'이라 부릅니다.
감사는 그렇게, 일상이라는 강 위에 반짝이며 우리를 걸어가게 합니다.
삶의 물결은 때로 잔잔하고, 때로 요동치지만
그 위를 걷게 하는 힘은 '감사'입니다.
평범한 하루를 특별하게 빛나게 하는 마음,
작은 것에서 하나님을 발견하는 시선,
넘어진 자리에서 다시 일어나 걷게 하는 고백,
그 모든 것이 곧 감사입니다.
이 장은,
감사의 언어로 삶을 수놓고
하나님께서 주신 것들을 다시 바라보는 시간을 담았습니다.
윤슬처럼 반짝이는 인생의 한 장면,
육십을 넘어 더욱 깊어지는 감사의 고백,
나라는 존재를 하나님께 드리는 선물 같은 순간들이
이곳에 담겨 있습니다.
기도하는 마음으로,
감사의 윤슬 위를 함께 걸어보시겠어요?

1. 감사 : 윤슬

일어나라, 빛을 발하라!
이는 네 빛이 이르렀고 여호와의 영광이 네 위에 임하였음이니라.

이사야 60장 1절

"우와, 멋지다!"
반짝반짝 빛나는 강물을 바라보며 감탄사가 폭죽처럼 터져 나왔다.
늘 지나던 그 길인데, 왜 미처 몰랐을까. 아니, 밤엔 왜 볼 수 없었을까?
낮 시간의 걸음이 내게 건네준 조용한 선물이었다.
햇빛에 잔물결이 반사되어 일렁이는 빛무리.
그 반짝임이 '윤슬'이라는 것을 이제야 알게 되었다.
자연의 아름다움에 눈이 머물고, 그 일부를 알게 된 것만으로도
마음 깊이 감사가 일었다.

그 순간, 문득 나 자신을 돌아보았다.
흙탕물처럼 더럽고 추하던 나.

그러나 예수님을 만나 하나님의 자녀로 살아가는 지금,
내 인생은 반짝반짝 윤슬처럼 빛나게 되었다.
이 또한 감사한 일이다.
나는 이제 바라본다.
내 삶이 누군가에게 따뜻한 잔물결이 되어
그들을 반짝이게 해줄 수 있기를.
윤슬처럼, 고요한 빛을 전하는 사람으로 살아가고 싶다.

눈을 들어 윤슬을 넘어 자연의 넓은 품을 바라본다.
울긋불긋 계절의 색이 어우러진 풍경 안에서
기도가 흘러나오고, 찬양이 터져 나온다.
평온함 속에서 자연의 풍요로움을 느낀다.
석양의 해가 주변을 붉게 물들이는 모습처럼,
내 인생도 하나님의 섭리 안에서 이치에 맞게 흘러가길,
주님의 눈에 아름답기를 미리 감사하는 저녁이다.

2. 감사 2 : 넘치게 하라

그러므로 너희가 그리스도 예수를 주로 받았으니 그 안에서 행하되 그 안에 뿌리를 박으며 세움을 받아 교훈을 받은 대로 믿음에 굳게 서서 감사함을 넘치게 하라.

골로새서 2장 6~7절

한국 기독교 꽃꽂이 선교회 전시회를 앞두고 임직식 꽃꽂이를 맡게 되었다. 며칠을 고민하며 기도하는 가운데, 하나님께서 지혜를 주셨고 그 뜻을 따라 꽃꽂이의 이름을 '감사함을 넘치게 하라'로 정했다. 영원히 변치 않으시는 주님의 사랑을 붉은 줄 맨드라미로 표현하고, 여러 가지 꽃들과 함께 만삭 태 석고상을 사용해 하나님의 은혜를 담아내고자 했다.

이 석고상은 아들이 만든 작품으로, 당시 며느리가 태중에 생명을 품고 있었다. 믿음의 공동체 안에서 하나님의 긍휼을 입고 임직을 받는 모습이 출산을 기다리는 산모의 인내와 겹쳐졌다. 생명을 품은 산모가 열 달 동안 많은 어려움을 견디어 내듯, 그리스도인 또한 말씀과 기도로 믿음의 뿌리를 단단히 내리고, 인생 속 고통을 견디어 내야 함을 표현하고자 했다.

그리고 마침내 하나님 안에서 완성된 자로, 복음의 진리 안에서 '감사함이 넘치는 삶'을 드러내고 싶었다.

극락조화는 5년 이상 자라야 꽃을 피우며, 소금기와 가뭄 속에서도 잘 견딘다고 한다. 그 모습이 그리스도인의 삶을 떠오르게 했다. 하나님의 자녀에게 꼭 필요한 끈기와 인내 그리고 성령의 열매를 맺어야 함을 상징하고 있다.

수국의 꽃말은 '변치 않는 사랑'이다. 주님을 향한 마음이 언제나 한결같기를 바라며, 그 사랑을 담아 핑크 거베라를 곁들였다. 이 꽃꽂이에는 견고한 믿음으로 목사님과 성도들을 섬기며, 예수님의 사랑을 널리 전하고자 하는 마음을 담았다. 우리 공동체가 하나님의 은혜 안에서 '감사함이 넘치는 공동체'가 되기를 간절히 소망한다. 엄마가 태중의 아기를 귀히 여기며 열 달 동안 지극정성으로 돌보듯, 나 역시 영혼을 대할 때 그러한 마음이기를 기도드린다.

꽃꽂이를 통해 하나님의 사랑을 다시 한 번 더 생각하게 하시고, 그리스도인의 삶의 모습이 어떠해야 하는지 다짐하게 하시며, 은혜에 감사하게 해 주신 하나님을 찬양한다.

3. 감사 3 : 흐르고 흘러

범사에 감사하라.

이것이 그리스도 예수 안에서 너희를 향하신 하나님의 뜻이니라.

데살로니가전서 5장 18절

3년 동안 감사를 기록할 수 있었음에 감사하다.

감사 일기를 쓸 수 있는 은혜,

교회 셀 모임 안에서 감사 훈련에 함께할 수 있었던 시간에 감사하다.

오랜만에 일기장을 펼쳐 보며

그 안에 빼곡히 담긴 아름다운 추억들을 다시 만났다.

그때의 감정, 웃음, 눈물, 기도를 떠올리며 감사했다.

매일 나의 손에 들린 볼펜 한 자루가

감사의 고백을 기록하게 하는 귀한 도구였음에 감사하다.

문득, "명석한 두뇌보다 둔한 지필이 낫다."는 말이 떠올랐다.

사소해 보이는 일상의 기록 속에

하나님께 드리는 감사가 쌓여 갔고,

평범한 사물과 가족들에게까지
감사하는 마음이 넘쳐났다.
새로운 한 주가 열리며
오래전에 읽었던 책을 다시 꺼내어 읽을 수 있음에 감사하다.
함께해주는 가족이 있음에 감사하다.
믿음의 유산을 따라 자녀들이
신앙 안에서 잘 자라가고 있음에 감사하다.
《지금 이 자리에서》라는 책을 필사하며
감사의 언어를 손끝으로 새기게 하시니 감사하다.
"나의 마음도 조심하라."는 작가의 말에
성경 말씀처럼 마음을 지키는 것이 생명의 근원이 되기에
그 가르침을 다시 새긴다.

운동장에서 달음질하는 자들이 다 달릴지라도
오직 상을 받는 사람은 한 사람인 줄을 너희가 알지 못하느냐?
너희도 상을 받도록 이와 같이 달음질하라.

고린도전서 9장 24절

운동선수가 목표를 향해 달리듯,
나도 꾸준함과 성실함으로 오늘 하루를 감사로 살아가려 한다.

넘어질 때마다
다시 일으켜 세우시는 주님이 계시기에 감사하다.
내 마음을 만져 주시고, 위로해주시며, 다시 걷게 하시는
은혜에 감사하다.

오늘은 두 손녀의 학부모 참관수업에 참석했다.
며느리가 직장 일로 함께하지 못했지만,
내가 대신 갈 수 있어 감사했고,
손녀들이 발표를 잘하고 밝은 모습으로 수업에 참여하는 모습을 보며
하나님께 마음 깊이 감사했다.
아이들을 믿음 안에서 양육하는 며느리의 수고가
고맙고 대견하게 느껴졌다.
바쁜 일상 속에서도
하나님 안에서 힘을 얻고
가정을 잘 세워가는 모습에 감사하다.

오늘도 하나님께 예배드릴 수 있음이 얼마나 감사한지 모르겠다.
누군가를 위해 기도하기 전에
먼저 나 자신이 하나님 앞에 바로 서야 한다는 것을
다시금 깨닫게 된다.

내 마음을 잘 지키고
주님의 기쁨이 되는 삶을 살아가길 원한다.
그 사랑과 감사가 선한 영향력으로 흘러가기를 기도드린다.
"일상 속 모든 일에 감사하게 하소서."
이것이 나를 향한 하나님의 뜻임을 믿으며
오늘도 감사로 하루를 시작한다.
할렐루야!

4. 감사 4 : 육십을 넘어

주 여호와는 나의 힘이시라.
나의 발을 사슴과 같게 하사 나를 나의 높은 곳으로 다니게 하시리로다.

하박국 3장 19절

내 나이 육십 중반을 넘어
오늘도 살아 있으니 감사.

바람결에 꽃잎들이 휘날리듯
나의 흰 머리카락도 휘날리네.

무릎이 아파도 걸을 수 있고
운동할 수 있어 감사.

함께 공부하는 그룹이 있어 감사.
가끔 전화하는 친구와 카톡 남기며
하하호호 웃을 수 있어 감사.

나의 부끄러움을 믿음의 공동체에 말할 수 있음에 감사.
예배드리는 교회 있어 감사.

노년에는 버려야 할 것이 많은데
욕심으로 버리지 못하나
버려야지 마음 주시니 감사.

회개할 수 있는 마음 주시니 감사.

5. 부유함 : 큰 사랑의 울림 속에서

내가 영원한 사랑으로 너를 사랑하기에 인자함으로 너를 이끌었다.

예레미야 31장 3절

두근두근.
오랜만에 느껴본 감정이었다. 설렘이란 단어조차 희미해졌던 나날들 속에서 문득, 오래된 추억 하나가 마음을 두드렸다. 연애 시절, 편지를 기다리던 그때가 떠올라 감사한 감정이 일었다.

현관에 어울리는 화형 꽃꽂이를 만들었다.
이웃들과 함께 보고 싶어 집 입구에 살며시 놓았다.
다음 날, 누군가가 남긴 작은 메모장이 나를 맞았다.
'1층 현관을 지날 때마다 향긋한 꽃향기에 기분이 좋아집니다.
감사합니다.'
나도 메모를 남겼다.
"함께 볼 수 있어 저도 감사합니다."

붉은 장미 한 송이를 곁에 두었다.

부채처럼 펼쳐진 반원형 화형, 좌우 대칭을 이루도록 하얀 장미를 중심 삼아 꽂았다.
향기를 풍기는 시베리아(백합과)를 짧게 넣으니 구도가 완성되었다.
내 마음이 더 부유해지는 느낌이었다.
향긋한 꽃향기 속에 나도 몰래 설렘에 취했고 감사에 젖었다.
그리고 문득, 이런 생각이 들었다.
'하나님도 이처럼 나를 두근거리는 마음으로 기다리고 계시겠구나.'
나의 작은 설렘조차 그분의 큰 사랑의 울림 속에서 비롯된 것이리라.
잊고 지냈던 감정이 하나님 안에서 다시 피어나 오늘 하루가 더 감사로 채워졌다.

6. 선물 : 나

내가 그리스도와 함께 십자가에 못 박혔나니, 그런즉 이제는 내가 사는 것이 아니요, 오직 내 안에 그리스도께서 사시는 것이라. 이제 내가 육체 가운데 사는 것은 나를 사랑하사 나를 위하여 자기 자신을 버리신 하나님의 아들을 믿는 믿음 안에서 사는 것이라.

갈라디아서 2장 20절

빛이 있어야 반짝이듯,
빛으로 오신 예수님의 사랑 안에 거해야 비로소 나도 반짝반짝 빛날 수 있다.

내가 해야 할 일은 감사로 하루를 여는 것이다.
새로운 날을 허락해 주시는 하나님 덕분에 오늘도 살아 있고,
예배드릴 수 있음에 감사하다.
목소리가 예전 같지 않지만
그래도 찬양을 부를 수 있어 감사하다.

나는 나를 돌아본다.

내 안에서 조용히 속삭인다.

"괜찮아, 수고했어. 오늘도 잘 살아냈어."

내가 나를 예뻐해주고 격려할 때,

상대에게도 따뜻한 시선을 보낼 수 있다.

땅을 이겨내고 올라오는 새싹처럼

내 삶도 그렇게 자라고 있다.

상처를 딛고, 고통을 통과하며,

나와 누군가를 살리는 기적이 되기를 소망한다.

그것은 곧

하나님의 사랑이며

말씀이 살아 역사하는 삶이다.

나는 변하길 원한다.

말씀을 따라

점점 새로워지길,

내가 죽고 내 안에 예수님이 살아가시길 바란다.

그리고 깨닫는다.

내게 주어진 하루가,

내게 허락된 관계들이,

숨 쉬고 노래하고 웃을 수 있는 지금 이 순간이
모두 하나님의 선물임을.
이 귀한 인생을
나만의 것이 아니라
하나님께서 내게 맡겨주신
소중한 선물로 여기며,
오늘도 주님의 품 안에
감사함으로 안긴다.

제 2 장
계절과 절기로 피어나는 예배

예배는 단순한 형식이 아닌, 하나님의 시간에 응답하는 우리의 삶입니다.
계절이 바뀌고 절기가 돌아올 때마다, 우리는 하나님의 은혜를
새롭게 기억하고, 다시금 마음을 다잡습니다.
예수님 오심을 기다리는 대림절, 한해의 문을 여는 송구영신 예배부터,
우리를 대신해 고난을 감당하신 주님의 사랑을 깊이 묵상하는 종려주일과
성찬식 그리고 승리의 아침 부활절까지,
예배는 계절 속에 심겨진 꽃씨처럼 각 절기마다 피어납니다.
아이처럼 빛나는 어린이주일, 뿌리처럼 깊은 사랑을 품은 어버이주일,
믿음의 첫 열매를 드리는 맥추절,
신앙의 개혁을 기억하는 종교개혁주일에 이르기까지,
우리는 주님의 발자취를 따라가는 순례자가 됩니다.
이 장에서는 절기마다 새롭게 피어나는 예배의 향기를 담았습니다.
협업의 기쁨, 기다림의 설렘, 기억의 깊이, 뿌리와 빛, 성령의 불
그리고 마지막까지 주께 드리는 최고의 선물까지,
예배의 사계절이 독자의 마음에도 성령의 감동으로 피어나길 기도합니다.

1. 협업 : 얼마나 기뻐하실까!
송구영신, 신년감사예배

두세 사람이 내 이름으로 모인 곳에는 나도 그들 중에 있느니라.

마태복음 18장 20절

"한 해를 보내며 하나님께 꽃꽂이를 올리지 못해 마음이 불편합니다." 교회 공동체와 이야기를 나누며, 조심스레 내 감정을 전했다. 그러자 수석 장로님께서 조용히 말씀하셨다.
"그럼 제가 하나님께 봉헌하겠습니다." 순간, 죄송함과 감사가 동시에 밀려왔다. 장로님의 그 고백이 내 마음에 한 줄기 따뜻한 햇살처럼 비쳤다. 꽃꽂이를 기도로 준비하며, 어떤 말씀을 중심으로 할까 기도하던 중, '그래, 장로님 가정이 사랑하는 성경 말씀으로 하자.' 하나님께서 주신 지혜였다. 나는 장로님께 정중히 성경 말씀을 나누어 달라고 부탁드렸다.

사람이 마음으로 자기의 길을 계획할지라도, 그의 걸음을 인도하시는 이는 여호와시니라.

잠언 16장 9절

그 말씀을 깊이 묵상하며 꽃시장을 돌았다. 여러 색과 형태, 향기를 품은 꽃들을 고르며 기도로 한 단 한 단을 품에 안았다. 꽃꽂이는 단지 장식이 아니었다. 장로님 가정의 마음을 담은 예배, 하나님께 드리는 향기로운 제사였다.

소나무 앞에 공작을 세우고, 곧고 힘찬 대나무와 꽃망울을 품은 산수유 나무로 애틋한 사랑을 표현했다. 기쁜 소식을 전하고 싶어 아이리스를 중심에 두고, 거베라와 연한 핑크빛 장미로 하나님의 따뜻한 사랑을 그렸다. 노란 소국은 환한 감사의 미소처럼 꽃단을 밝혀 주었다. 아래 단은 말채나무로 하트를 만들어 성령의 비둘기를 상징했다.

그 안은 카네이션으로 가득 채워, 예수님의 사랑과 보혈의 은혜를 마음껏 담았다. 르네브 꽃은 순결하고 변함없는 향기로 교회 안을 감싸 안았다.

지난 해, 아무 장식 없이 놓였던 촛대를 볼 때마다 아쉬움이 컸다. 하지만 올해는 장로님 가정의 헌신 덕분에 하나님께 온 마음으로 봉헌할 수 있어 얼마나 기쁘고 뿌듯한지 모른다. 이 모든 것을 받으시는 하나님, 얼마나 기뻐하실까! 시작부터 마무리까지 함께 해준 남편, 묵묵히 도우며 기쁨으로 감당한 그의 손길도 소중하다.

협력의 은혜, 공동체의 위력, 그 중심에 계신 하나님께 영광을 돌린다.

2. 나타남 : 눈에 보이는 사랑

현현절

참 빛, 곧 세상에 와서 각 사람에게 비추는 빛이 있었나니.

요한복음 1장 9절

"아멘, 그렇습니다."
한국기독교 꽃꽂이선교회 1월 월례회에서 현현절 꽃꽂이를 맡게 되어 마음 깊이 감사했다. 작품을 위해 기도하며 묵상하고, 책을 다시 펼쳐 연구했다.
현현절은 '나타남'을 의미한다. 눈에 보이지 않던 하나님께서 빛으로, 육신으로, 예수 그리스도로 이 땅에 나타나신 절기. 새해 1월 6일부터 시작되어 약 8주간, 우리에게 임하신 주님의 영광을 기억한다.

먼저, '당신을 보호해 드리겠다'는 꽃말을 지닌 말채나무로 지구의 형상을 표현했다. 양손으로 감싸듯 조심스럽게 만져주면, 부드러운 선으로 형태가 잡힌다. 물을 머금은 오아시스를 화기에 넣고 그 위에 말채나무를 원형으로 구성해 지구를 만들었다.
그리고 그 위에, 이 땅에 임하신 빛, 예수님의 영광을 상징하기 위해 '우

아하고 아름다움'을 뜻하는 호접란을 서로 마주보게 꽂았다. '순결'을 상징하는 튤립은 인간의 몸으로 오신 예수님의 모습을 나선형으로, 빛이 퍼져 내려오는 형상으로 표현했다.

그 빛이 생동감 있게 흘러내리도록 구성하면서, 내 마음에도 한 줄기 빛이 흘러드는 것을 느꼈다. 무엇보다도, 아스파라거스는 '변치 않는 주님의 사랑'을 담기에 참 좋았다. 살며시 퍼져나가며 작품 전체를 감싸는 그 잎새는 예수님께서 지금도 우리를 감싸고 계심을 말해 주는 듯했다.

꽃들은 물을 머금고 더욱 싱그러워졌다. 꽃 한 송이 한 송이가, 이 땅에 오셔서 사랑을 보여주신 주님을 향한 감사와 찬양이 되기를 기도하며 올려드렸다.

이 모든 시간과 선택과 정성을, 우리를 위해 나타나 보이신 하나님께 드린다. 온 성도와 함께 드리는 이 예배가 주님께 향기로운 기쁨이 되길 소망한다.

3. 기억 : 보혈이 흐르는 자리에서

종려주일

그가 찔림은 우리의 허물 때문이요,
그가 상함은 우리의 죄악 때문이라.
그가 징계를 받으므로 우리는 평화를 누리고,
그가 채찍에 맞으므로 우리는 나음을 받았도다.

이사야 53장 5절

그는 누구를 가리키고 있는가? 하나님을 믿는 사람이라면 모두 알고 있듯, 바로 예수님이다.

'그가 찔림을', '그가 상함을'이라는 표현은 곧 예수님의 죽음을 의미한다. 이미 구약에서는 오실 메시아, 예수님께서 우리를 위해 십자가에서 죽으실 것을 예언하셨고, 신약에서는 "허물과 죄로 죽었던 너희를 살리셨도다."(에베소서 2장 1절)라고 증언하고 있다.

지금 내가 존재하는 이유, 그것은 "그가 채찍에 맞음으로 너희는 나음을 얻었나니."(베드로전서 2장 24절)라는 말씀 그대로, 예수님의 십자가 보혈로 내가 살게 되었기 때문이다.

예수님이 나를 위해 죽으시고, 나를 살리셨음을 기억할 때마다 나는 '하나님의 은혜 위에 은혜'를 고백하게 된다. 그 은혜는 곧, 나의 죄를 씻기 위해 예수님께서 친히 십자가에서 돌아가신 사건이다.

죄로 죽었던 나를 다시 살리신 그 일, 그것은 바로 예수님의 보혈의 능력이다. 예수님의 십자가에서 흘린 그 피로 나의 죄가 씻겨졌고 구원받았음에 이 귀한 진리 앞에서 나는 오늘도 내 삶을 돌아보게 된다.

'죄에서 나를 건져주신 예수님을 나는 늘 기억하며 감사의 찬양을 드리고 있는가?'

'지금 내 마음속에 예수 그리스도의 보혈이 흐르고 있다는 것을 느끼고 있는가?'

'오 주여, 이 연약한 딸을 용서하소서.'

'날마다 나의 죄를 직면하고, 말씀대로 살아내야 하는데 그러지 못하는 나의 연약함을 용서해 주소서.'

이번 꽃꽂이는 온 지구의 백성들을 향한 예수님의 사랑을 떠올리며 구성했다.

지구본 형태는 곱슬버들로 표현하였고, 부끄러움을 상징하는 주홍 튤립은 나 자신과 이 땅의 백성들을 보여주었다. 빨간 장미는 우리를 위해 십자가를 지신 예수님의 사랑이고, 예수님의 이름을 믿는 자에게 구원을 주신다는 복음의 메시지를 작품 안에 담고 싶었다. 오직 예수 그리스도를 통해서만 우리는 하나님 앞에 나아갈 수 있기에 그 믿음을 꽃꽂이로 고백하고자 했다.

예수님의 사역 가운데 '꽃 중의 꽃'은 바로 십자가에서 죽으신 일이 아니겠는가? 우리의 죽음은 끝이 아니다. 죽음 이후에는 심판이 있고, 그리스도를 믿는 자들에게는 영원한 천국이 기다리고 있다. 내가 바라는 것은 단 한 가지, 나 하나라도 하나님 앞에 바로 서는 것이다.

그러므로 오늘도 나는 고백한다.
예수님의 십자가는 나를 위한 사랑의 증표요,
그분의 보혈은 지금도 내 안에 살아 역사하신다는 것을.
나 같은 죄인을 끝까지 사랑하신 그 사랑 앞에
어찌 무릎 꿇지 않을 수 있으며,
어찌 감사하지 않을 수 있으랴.
이 땅에서의 삶이 때로 지치고 버거울지라도
나는 다시 십자가를 바라본다.
그 사랑을 기억하는 자는 결코 무너지지 않는다.
나를 살리신 예수님처럼,
나도 누군가를 살리는 삶을 살고 싶다.

주님, 내 작은 삶을 통해

주의 사랑이 흘러가게 하소서.

날마다 십자가를 기억하며,

은혜 위에 은혜로 살아가는 증인이 되게 하소서.

4. 연합 : 나는 주님 안에 주님은 내 안에
성찬식

예수께서 이르시되 나는 생명의 떡이니 내게 오는 자는 결코 주리지 아니할 터이요, 나를 믿는 자는 영원히 목마르지 아니하리라.

요한복음 6장 35절

예수님은 나의 생명의 떡이 되어 주셨다. 죄 없으신 그분께서 나의 죄를 대신하여 보혈을 흘리셨고, 그 놀라운 은혜로 말미암아 나는 영원한 생명을 선물로 받았다. 이제 그 생명 안에 거하는 자로서 나는 다시는 주림도, 목마름도 경험하지 않는다.
이 약속의 말씀을 붙들고 나는 깊은 감사의 자리 앞에 머물러 있다. 그 크신 은혜 앞에 나 자신을 돌아보며, 다시금 마음을 다해 고백한다.

예수 그리스도는 나의 주님이십니다.
나는 예수님을 믿고 회개하며,
주님 앞에 온전히 엎드립니다.
그분의 생명으로 채워진 오늘,
내 삶은 새로운 빛을 입었고

그 사랑 안에서 참된 평안을 누립니다.

그분의 생명으로 채워진 오늘, 나는 떡을 떼고 잔을 받으며 십자가에서 흘리신 사랑을 마음 깊이 되새긴다. 상한 나를 위해 찢기신 살, 갈급한 영혼을 적신 그 보혈 앞에 무릎 꿇는다. 그 거룩한 희생이 내 존재를 감싸 안고, 나는 다시 살아난다. 성찬의 떡과 잔을 통해 나는 주님 안에 거하고, 주님은 내 안에 거하신다. 이 거룩한 연합 속에서 나는 평안하다. 나는 충만하다. 나는 주님의 것이다.

5. 시작 : 지금도 살아계시다
부활절

그러나 이제 그리스도께서 죽은 자 가운데서 다시 살아나사 잠자는 자들의 첫 열매가 되셨도다.

고린도전서 15장 20절

예수님은 모든 부르심을 십자가를 통해 완성하시고, 마침내 부활하셨다. 할렐루야!

예수님께서는 십자가의 고통 속에서 절망과 좌절, 패배가 보일 수 있는 그 길을 묵묵히 걸으셨지만, 그 길은 실패가 아닌 하나님의 구원의 계획이었다. 예수님의 죽음은 곧 나와 우리의 죄를 대신 지신 사랑의 희생이었다. 그리고 예수님은 십자가에 못 박혀 죽으신 지 사흘 만에 다시 살아나셨다. 부활의 승리! 생명의 첫 열매가 되신 것이다.

성결의 영으로는 죽은 자들 가운데서 부활하사 능력으로 하나님의 아들로 선포되셨으니 곧 우리 주 예수 그리스도시니라.

로마서 1장 4절

안식 후 첫날 새벽, 여인들이 예수님의 무덤을 찾았을 때 예수님의 시신은 보이지 않았고, 천사가 나타나 예수님이 살아나셨다고 말했다. 죽음을 이기시고 교회를 탄생케 하신 부활의 예수님! 그 부활의 은혜를 기념하여 교회는 해마다 만월(보름달)이 있는 첫 번째 주일, 즉 부활주일을 지키고 있다.

예수 그리스도는 우리의 생명을 이어주는 구속의 역할을 감당하셨다. 십자가에서 죽으시고 부활하심으로 우리에게 영원한 생명을 허락하셨다. 나는 이 부활의 승리를 내 삶에 적용하고자 했다.

"하나님께 영광!"
"날 사랑하신 예수님의 그 피로 날 구원하셨어요."
이번 부활절 꽃꽂이는 예수님께서 사망 권세를 이기시고 부활하신 기쁨과 감격을 시각적으로 표현한 작품이다. 특별히 이번 꽃꽂이에 사용된 꽃들은 헌금으로 봉헌된 것이며, 매해 온 마음과 정성으로 섬겨온 귀한 가정의 헌신이 담겨 있다.

예수께서 이르시되, 나는 부활이요 생명이니
나를 믿는 자는 죽어도 살겠고
무릇 살아서 나를 믿는 자는 영원히 죽지 아니하리니
이것을 네가 믿느냐?

요한복음 11장 25절~26절

그러므로 예수님의 부활은,

그 이름을 믿는 자에게 영원한 생명을 허락하신,

하나님의 완전한 선물이다.

오늘도 우리는 그 부활의 생명을 누리며,

어둠을 밝히는 빛으로,

절망을 이기는 소망으로,

세상 가운데 예수님의 사랑을 전하는 삶으로 나아간다.

죽음을 이기신 주님의 승리가,

오늘 우리의 삶에도 새로운 시작이 되길 소망한다.

할렐루야!

부활하신 주님을 찬양합니다!

그분은 지금도 살아 계십니다.

6. 빛 : 하나님 나라의 기둥
어린이주일

마땅히 행할 길을 아이에게 가르치라
그리하면 늙어도 그것을 떠나지 아니하리라.

잠언 22장 6절

어린이 주일을 맞아 사랑스러운 선물들을 보내주셔서 아이들과 함께 감사와 행복을 나누는 뜻깊은 시간을 가졌다. 아이들이 성경을 자연스럽게 접하고 즐겁게 읽을 수 있도록 성경학교에서 친절하게 가르쳐 주신 모든 분들에게 진심으로 감사드린다.

하나님의 자녀로서 말씀 위에 굳건히 서며 예수님 닮아가는 삶을 살아가길 진심으로 기도한다. 아이들을 향한 부모와 교사들의 사랑이 하나님의 사랑 안에서 온전히 자라나는 통로가 되어 빛나는 열매를 맺기를 소망한다.

이번 작품은 '빛'을 주제로 하여 하나님의 사랑 안에서 자라나는 어린이들의 순수함과 별처럼 반짝이는 꿈과 가능성을 표현하고자 했다. 다채로운 색의 풍선은 각각의 어린이가 지닌 아름다운 개성과 잠재력을, 중심

에 자리한 별은 하나님께서 예비하신 소망의 미래를 상징한다. 꽃과 어우러진 자연의 생명력은 하나님 은혜 속에 건강히 성장하는 아이들의 모습을 담아내려 했다.

별이 빛나려면 서로의 거리를 지켜야 하듯, 부모된 우리도 때로는 아이들과 적당한 거리를 두고 그들을 지켜보며 응원할 때가 있음을 깨닫는다. 풍성한 색감과 조화로운 구성 속에 담긴 희망과 격려는 자라나는 아이들에게 전하는 따뜻한 마음이다.

장식에는 생명력 강한 야자와 맑고 투명한 어린이의 영혼을 상징하는 마디초를 사용했다. 거친 세상 가운데서도 꽃처럼 피어나길 바라는 간절한 소망을 담았다.

하나님, 저에게 귀엽고 사랑스러운 손녀 레아와 주아를 보내주심에 감사드립니다.

아이들을 위해 기도할 때마다 하나님께 지혜와 명철과 총명함을 간구합니다. 우리 모두가 하나님의 말씀을 가까이하며 먼저 부모가 말씀 안에서 살아가길, 그리고 모든 어린이가 건강하게 자라 하나님 나라의 기둥으로 사랑과 기쁨, 믿음과 지혜로 무럭무럭 성장하기를 간절히 기도합니다.

7. 뿌리 : 그리움은 이슬처럼
어버이주일

네 부모를 공경하라 그리하면 네 하나님 여호와가 네게 준 땅에서 네 생명이 길리라.

출애굽기 20장 12절.

차가운 겨울날,
실내외 온도 차로 이슬 맺혀
유리창은 뿌옇게 흐려졌다.
그러나 봄날의 따스한 햇살이 비치자
흐린 유리창 너머로
선명하게 떠오르는 얼굴이 있다.

바로 부모님의 모습이다.
신앙의 길 위에서
두 손 모아 정성으로 기도하셨던 어머니,
묵묵히 부지런함으로 헌신하셨던 아버지.

그 사랑을, 이제야 깊이 감사드린다.

"네 부모를 공경하라."

하나님의 명령이었건만
육신의 부모님은 이제 이 땅에 계시지 않고,
남은 건 그리움과 늦은 후회뿐.
꿈에서라도 다시 뵙기를 바라는 마음,
그러나 그것조차 내 뜻대로 되지 않으니
그때, 더 잘할 걸.
그때, 즉시 순종할 걸.
후회하며 또 후회한다.

그래도
하나님은 여전히 나를 사랑하시고,
그 사랑은 뿌리 깊은 곳에서부터 이어져
예수님 안에서 나를 품으신다.
내 부모님,
그리고 그 부모를 지으신 하나님,
그 모두가 나의 뿌리임을 기억하며

오늘도 감사의 눈물로 기도드린다.

그리움이 사랑으로 익어가듯
시간이 지나도 그 사랑은
여전히 내 삶의 가장 따뜻한 온기가 된다.

8. 충만 : 내 삶의 중심에

성령강림절

오순절 날이 이미 이르매 그들이 다같이 한 곳에 모였더니
홀연히 하늘로부터 급하고 강한 바람 같은 소리가 있어
그들이 앉은 온 집에 가득하며
마치 불의 혀처럼 갈라지는 것들이 그들에게 보여
각 사람 위에 하나씩 임하여 있더니
그들이 다 성령의 충만함을 받고
성령이 말하게 하심을 따라 다른 언어들로 말하기를 시작하니라.

사도행전 2장 1절~4절

"성령 받으라, 성령 받으라, 주님 내게 말씀하셨네."
찬양의 가사처럼, 성령 충만함을 간절히 받기 원하는 것이 저의 소망이자 기쁨이다.
성령강림절은 오순절 날, 성령이 사도들에게 임한 것을 기념하는 절기이다. 절기 중 가장 긴 절기로, 무려 27주일에 걸쳐 이어진다고 한다. 오순절은 '50일'을 뜻하는 말로, 유월절 이후 50일째 되는 날을 가리킨다(참

고로 유월절은 모세 시대, 400여 년 동안 애굽에서 종살이하던 이스라엘 백성이 탈출한 사건을 기념하는 날이다)

성령강림절 주일은 '성령에 의해 깨끗함을 입는 날'로 여겨지기도 한다. 꽃꽂이로 성령의 임재를 시각적으로 표현해보았다. 붉은 색으로 지구를 연상케 하는 형태를 만들었고, 알스트로메리아를 빨간색과 연분홍색으로 베이스 기법(기초적인 묶음)을 활용해 묶어 강조했다. 거베라와 장미 꽃 사이에는 부봐르디아 꽃을 꽂았다. 핑크 장미는 성령님의 사랑을, 꽃의 곡선은 움직임을 통해 성령 강림을 표현하고자 했다. 꽃 아래에는 관념 팔 손 모양을 밑받침으로 삼아, 꽃들이 더욱 돋보이게 했다.

'성령충만'을 묵상하다 보니, 내가 가장 좋아하는 기도 제목 중 하나가 바로 '성령 충만'이라는 사실을 다시 떠올리게 되었다. 왜냐하면 성령의 이끄심 속에서 살고 싶기 때문이다. 하지만 현실에서는 성령의 이끌림보다 내 뜻대로 살려는 순간들이 많다. 하나님께 기도드리지 않을 수가 없다.

하나님 아버지!
가지치기하듯, 나의 불필요한 욕망과 죄를 잘라내어
아름다운 선을 그리게 하소서.

회개의 영을 제게 부어주소서.
감추고 싶은 나의 죄가 얼마나 많은지,
말로 다 표현할 수 없습니다.
그러나 그 모든 죄를 주님 앞에 내려놓고 회개하오니
주여,
용서하여 주소서.
사도들에게 임하셨던 그 성령이
지금 이 순간,
저에게도 임재하게 하여 주소서.

간절히 기도합니다.
하나님,
나의 주가 되어주시고
제 인생의 목적이 되어주소서.
무서운 욕심을 내려놓고
오직 성령의 인도하심을 따라 살아가게 하소서.
이제, 제 삶의 중심에 성령님을 모십니다.
나의 걸음마다, 말마다, 생각마다
성령의 숨결이 스며들게 하시고
내가 있는 그곳마다

평안과 생명의 열매가 맺히게 하소서.

불완전한 나를 통해 완전하신 주님의 뜻이 드러나고

작은 순종 위에 크신 능력이 덧입혀지기를 기도합니다.

오늘도, 내일도, 영원토록 성령 충만한 삶으로 살아가기를 소망합니다.

그 길 위에 주님께서 함께하시며, 나를 인도하여 주소서.

예수님의 이름으로 기도합니다. 아멘.

9. 나아감 : 기억하고 나누며 즐거워하는
맥추절

맥추절을 지키라 이는 네가 수고하여 밭에 뿌린 것의 첫 열매를 거둠이니라.
수장절을 지키라 이는 네가 수고하여 이룬 것을 연말에 밭에서부터 거두어 저장함이니라.

출애굽기 23장 16절

맥추감사절은 한 해의 상반기를 인도하신 하나님의 은혜에 감사하며, 첫 수확 한 밀을 하나님께 드리는 절기이다.

구약에서는 이를 칠칠절(七七節) 또는 오순절(五旬節)이라고도 부르며, 해마다 하나님의 공급과 인도하심에 감사하는 성스러운 예식의 날로 여겼다. 이는 수장절(초막절)과 함께 유대인의 3대 절기 중 중요한 감사절기이다. 히브리적 맥락에서 맥추절은 밀의 수확을 기념하며, 유월절로부터 50일이 지난 시점에 드리는 절기이다. 한편, 무교절(유월절)은 애굽에서 출애굽 한 날을 기념하며 누룩을 넣지 않은 빵을 먹으며 7일간 지키는 절기이다

곡식의 첫 이삭 한 단은 거룩한 제물로 하나님께 드려졌고, 이 첫 열매는

신약 시대에 이르러 부활하신 예수 그리스도를 예표한다고 전해진다. 예수님께서는 죽음에서 다시 살아나셔서 잠자는 자들의 첫 열매가 되셨고, 그로 인해 우리는 영원한 생명의 소망을 갖게 되었다.

이처럼 맥추절은 단순히 수확을 기념하는 날이 아니라, 우리의 모든 수고 위에 은혜를 베푸신 하나님께 감사와 순종으로 나아가는 날이다. 그리고 그 감사는 나 혼자 누리는 것으로 끝나는 것이 아니라, 공동체와 함께 나누는 기쁨의 축제로 완성되어야 한다.

네 하나님 여호와께서 너와 네 집에 주신 모든 복으로 말미암아
너는 레위인과 너희 가운데에 거류하는 객과 함께 즐거워할지니라.

신명기 26장 11절

하나님께서는 자신의 백성들에게만 복을 주시는 것이 아니라, 그 복이 소외된 이웃, 이방인, 연약한 자들에게도 흘러가길 원하신다. 그래서 진정한 맥추절은, 하나님께 받은 것을 기억하고, 나누며, 즐거워하는 절기이다. 그 안에 하나님의 공의와 사랑, 기쁨과 나눔의 정신이 깃들어 있다.

올해 맥추감사절 꽃꽂이는 첫 열매인 밀단을 하나님께 드리며, 해바라기와 여러 생기 있는 꽃들을 통해 생명과 감사, 기쁨과 풍성함을 시각적으로 표현한 작품이다. 특별히 이 꽃들은 하나님께 감사드리며 꽂았다.

첫 열매는 단지 수확의 시작이 아니라, 하나님께서 일하심의 증거요, 앞으로의 모든 열매를 맡기는 믿음의 고백이다. 우리도 오늘, 삶의 자리마다 하나님께 받은 은혜를 기억하며, 첫 열매이신 예수 그리스도를 바라보며, 감사와 기쁨으로 살아가야 할 이유를 다시금 되새긴다.
"하나님, 감사합니다."
그 고백 하나가 우리의 일상을 바꾸고, 이웃을 살리며, 하나님의 마음을 기쁘시게 한다.

주님,
우리를 거두시는 당신의 손길 속에
오늘도 우리가 있음을 고백합니다.
우리의 삶에서 맺히는 첫 열매가
당신께 드려지게 하소서.
감사가 흘러 넘치게 하시고,
그 감사가 이웃에게 흘러가게 하소서.
주님이 주신 열매로
오늘, 하나님 나라를 함께 기뻐하게 하소서.
아멘.

10. 영광 : 글로 피워 낸 순종의 꽃
종교개혁주일

너는 진리의 말씀을 옳게 분별하며 부끄러울 것이 없는 일꾼으로 인정된 자로 자신을 하나님 앞에 드리기를 힘쓰라.

디모데후서 2장 15절

루터의 종교개혁은 단순히 교회의 부패를 비판하기 위한 외침이 아니었다. 그는 성경의 본질로, 하나님의 말씀으로 돌아가자고 외쳤다. 그 한 사람의 결단은 시대를 흔들었고, 어둠에 잠긴 신앙에 다시 빛을 비추는 영적 각성을 일으켰다.

그 중심에는 다섯 가지 고백이 있었다.

오직 성경(Sola Scriptura),

오직 은혜(Sola Gratia),

오직 믿음(Sola Fide),

오직 그리스도(Solus Christus),

오직 하나님의 영광(Soli Deo Gloria).

루터가 교회의 문 앞에 95개 조항을 내걸었듯, 나 또한 글 앞에서 내 삶의 질문을 조용히 내걸고 있다.

왜 글을 쓰는가?
무엇을 위해 쓰는가?
내 글은 진리를 향해 걷고 있는가?

꽃으로 표현하는 순간들과 문장으로 내 마음을 피워내는 순간들은 단순한 표현을 넘어 신념과 진리 그리고 나의 내면을 향한 몸부림이었다.
나는 하나님의 말씀 앞에 인정받는 것이 가장 중요하다는 것을 알고 있다. 하지만 사람에게 인정받고 싶을 때도 많았다. 남이 기대하는 꽃꽂이의 형식, 틀에 갇힌 문장들 속에서는 진짜 나의 목소리를 끝내 담아낼 수 없었다.
이제 나는, 내가 받은 감각과 언어로 하나님의 진리를 증언하는 디자인과 문장의 도구가 되고 싶다. 더 이상 사람의 칭찬에 흔들리지 않고, 말씀에 깊이 순종하며 오직 진실하게 생명을 위한 글을 쓰는 것. 그것이 바로 나만의 글쓰기 속, 작은 종교개혁이 아닐까 생각해 본다.
하나님이 기뻐하시는 영광을 위한 언어, 그것이 내 삶과 글이 향하는 최종 목적이 되기를 기도드린다.

11. 전화위복 : 따뜻한 풍요로움

추수감사절

각 사람이 네 하나님 여호와께서 주신 복을 따라 그 힘대로 드릴지니라.
신명기 16장 17절

일 년 동안 하나님이 주신 추수에 감사드리는 마음으로 추수감사절 꽃꽂이를 하나님의 성전에 올려드렸다.

이번 꽃꽂이를 구상할 때에는 '따뜻한 마음', '풍요로움'이라는 꽃말을 지닌 노란 호박을 화기로 이용했다. 그 위에 남천을 직립 분리형으로 배치하고, 황금색과 빨간 열매로 따뜻하고 풍요로운 분위기를 연출했다. 꽃배추라 불리는 잎모란을 평소 좋아한다. 그래서 아래에 꽂았더니 호박과 더욱 잘 어우러졌다. 또한, 지조·인내·절개의 꽃말을 지닌 대나무를 견고하게 놓았다. 그 위에 호박 세 개를 올려놓았다.

드넓은 벌판에서 추수한 벼에는 농부의 정성과 땀이 깃들어 있다. 하나님께서는 햇빛과 비를 주셔서 곡식이 알알이 익어가게 하셨다. 마침내 추수할 수 있도록 허락하신 하나님의 사랑에 감사를 담았다. 벼를 단으로 묶고 과일을 바구니에 담아 연출했더니 한층 더 풍요로움이 느껴졌

다. 이 모든 곡식을 주신 하나님께 감사와 찬양을 올려드렸다.
남천을 주제로 꽃꽂이를 했는데, 그의 꽃말은 '전화위복'이다.
이는 430년 동안 이집트에서 종살이하던 이스라엘 백성을 하나님께서 인도하셨음을 표현한 것이다. 젖과 꿀이 흐르는 약속의 땅, 가나안으로 인도하신 언약의 하나님이 이스라엘 백성의 구원자이심을 나타냈다.
추수 감사 꽃꽂이와 함께 나를 돌아 보니, 하나님께서 은혜를 베푸사 암흑과 같았던 사건들 속에서 나를 구출하셨다. 나는 이미 구원받은 자로 살아가고 있으니, 감사할 뿐이다.
이 모든 추수에 하나님께 감사와 찬양을 올려드린다.

12. 기다림 : 하얀 사랑의 마라나타
대림절

하나님이 그 아들을 세상에 보내신 것은 세상을 심판하려 하심이 아니요 그로 말미암아 세상이 구원을 받게 하려 하심이라.

요한복음 3장 17절

대림절은 '오다', '도착하다'라는 뜻을 지닌 예수님의 오심을 기다리는 절기로, 강림절 또는 대강절이라고도 불린다. 교회력의 시작을 알리는 이 시기는 성탄절로부터 4주 전, 하늘의 왕이 이 땅에 오시는 경이로운 약속을 묵상하며 보내는 시간이다.

이번 대림절, 나는 오직 구원을 위해 이 땅에 오신 예수님을 기다리는 마음으로 기도하며 꽃꽂이를 했다.

첫째 주에는 왕 되신 주님의 권위와 거룩함을 상징하는 진보라 초를 사용하였고, 기쁨과 사랑이신 예수 그리스도의 성품을 담아내고자 했다. 돌아보면, 나를 향한 하나님의 사랑은 늘 기다림이었고, 나는 그 앞에서 회개의 마음으로 다시 엎드렸다.

둘째 주에는 깊은 핑크색, 셋째 주에는 한층 부드러워진 연한 핑크색 초를 선택하며, 점차 밝아지는 색감 속에 내 죄가 점점 희게 씻겨져 가는

은혜를 떠올렸다. 그리고 마지막 넷째 주에는 순결과 구원을 상징하는 흰 초를 세웠다.

진보라에서 핑크를 지나 마침내 눈처럼 희어진 마음으로 하얀 사랑의 예수님을 기다리고 싶었다. 진하디진한 죄의 어둠을 주님 앞에 아뢰며, 세상을 심판이 아니라 구원으로 품으신 그분의 사랑을 배우려 한다. 그리고 오늘, 가장 순결한 갈망으로 마음 깊이 외쳐본다.
주 예수여, 어서 오시옵소서.
마라나타!

13. 약속 : 너 가진 것 중 가장 좋은 것을 주께 드려라
성탄절

아들을 낳으리니 이름을 예수라 하라 이는 그가 자기 백성을 그들의 죄에서 구원할 자이심이라 하니라

마태복음 1장 21절

하나님의 아들 예수님의 탄생을 기뻐하며, 올해 성탄은 꽃꽂이로 마음을 표현해보았다. 기도로 준비하며 남대문 꽃시장을 찾았다.
'저를 데려가 주세요.'
'나를 선택하시면 후회하지 않으실 거예요.' 꽃들이 서로 나를 부르는 듯했다. 미리 구상해두었던 꽃꽂이에는 겨울 햇살처럼 은은한 하얀 칼라 꽃이 중심이었다.
겨울이라 꽃값이 만만치 않았지만 '너 가진 것 중 가장 좋은 것을 주께 드려라'는 마음으로, 가장 싱싱하고 아름다운 꽃들을 정성스레 골랐다.

좋은 꽃들을 품에 안고 교회로 향하는 길, 마치 열다섯 살 소녀가 된 듯 설렘이 일었다. 예수 그리스도의 탄생, 빛으로 오신 주님, 세상을 구원하기 위해 말구유에 오신 만왕의 왕. 그 위대한 시작을 꽃으로 표현하고자

했다. 하지만 꽃으로 아기 예수님의 모습을 온전히 드러내기란 쉬운 일이 아니었다. 기도 중에, 목사님의 말씀이 떠올랐다.
"조상들에게 약속하신 대로, 신성 백 퍼센트, 인성 백 퍼센트로 주님이 이 땅에 오셨습니다."

성탄의 기쁨 속에 알파와 오메가 처음과 끝이 되시는 하나님을 작품으로 표현하였다. 꽃꽂이에는 상징을 담았다. 어둠을 밝히는 초는 빛으로 오신 예수님을 나타낸다. 죄와 죽음의 어둠을 몰아내신 주님, 그 탄생의 의미를 초의 빛으로 기념하고자 했다. 초의 불빛을 통해 희망과 평화, 구원의 메시지를 전하고 싶었다.
꽃은 흰색을 중심으로 선택했다. 청결과 승리를 상징하는 흰 꽃은, 왕으로서의 주님의 권위와 거룩함을 드러낸다. 그리고 밑단에는 녹색 꽃을 배치했다. 그 무엇으로도 바랠 수 없는 주님의 사랑, 변치 않는 생명의 빛을 기억하며.

작고 연약한 아기로 오신 주님,
그 사랑은 이 땅에 피어난 가장 따뜻한 꽃이었습니다.
소리 없이 피어나는 꽃 한 송이에도,
하늘의 평화와 기쁨이 담겨 있음을 믿습니다.
오늘, 내 마음에도 성탄의 꽃을 꽂습니다.

그 꽃이 감사와 찬송으로 피어나

주님께 드리는 조용한 기도가 되게 하소서.

주님, 당신 오심이 내 삶의 가장 큰 기쁨입니다.

이 밤, 당신의 사랑으로 나를 다시 피우소서.

제 3 장

삶으로 드리는 꽃 같은 찬양

찬양은 단지 입술로만 드리는 노래가 아닙니다.
때론 웅장한 장엄함으로, 때론 작고 연약한 고백으로,
우리의 삶 자체가 하나님께 올려드리는 찬양이 됩니다.
이 장에서는 일상의 순간들 속에 피어나는 꽃 같은 찬양을 따라가 봅니다.
실수를 통해 배우고, 멈춰 서서 주님을 바라보며,
오늘을 살아가는 그 자체가 드려지는 예배임을 고백합니다.
하얀 마음으로 누군가를 이어주는 섬세함,
다시 일어나기를 소망하는 희망,
하나님의 인도하심 안에서 우리가 어떻게 찬양의 사람이 되어가는지를
함께 묵상합니다.
매 순간이 하나님의 손길 안에 있으며,
그분 앞에 놓이는 우리의 삶은 꽃처럼 피어나 아름다운 찬양이 됩니다.

1. 웅장함 : 하나님의 인도하심

감사함으로 그의 문에 들어가며
찬송함으로 그의 궁정에 들어가서
그에게 감사하며 그의 이름을 송축할지어다.

시편 100편 4절

베토벤 교향곡 9번, 그 합창이 울려 퍼지는 무대에 아들 요한이가 섰다. 125명의 단원 중 한 사람으로, 당당하게 노래하는 아들의 모습은 그 자체로 감격이었다. 손열음의 피아노 연주와 오케스트라 그리고 합창단이 하나 되어 만들어 낸 음악은 참으로 장엄하고 아름다웠다. 음악에 문외한인 나였지만 〈기뻐하며 경배하세〉, 〈오늘 모여 찬송함은〉 같은 익숙한 찬송가가 연주되자, 어느새 마음이 들뜨고 흥겨워졌다.

멀리서도 단번에 알아볼 수 있었던 아들의 모습. 그를 바라보며 오케스트라와 합창단의 부모들을 떠올려 보았다. 지금의 나처럼, 그들도 자녀를 바라보며 얼마나 많은 감정이 오갔을까. 얼마나 마음을 졸이며 뒷바라지했을까. 얼마나 애쓰며 기다렸을까. 얼마나 눈물로 기도했을까. 그리

고 그 자녀들은 또 얼마나 많은 시간을 인내하며 오늘의 무대를 준비해 왔을까.

모처럼 남편과 함께 예술의 전당에 앉아 있었다. 섬세하게 좋은 좌석을 챙겨준 아들의 배려가 고마웠다. 천사가 내려와 연주하는 듯한 시간, 모든 것이 대단하고도 은혜로웠다.
맨 앞줄에서 노래하던 아들의 모습에서 고등학생 시절, 꿈에 부풀어 있던 그 아이가 겹쳐 보였다. 하나님의 은혜로 아들의 몸과 마음이 회복되었고, 다시 노래하는 자리에 섰다. 그 모습을 바라보며 나는 조용히 하나님께 감사와 찬양을 드렸다.
연습으로 수고한 모든 스태프와 아들에게도 마음 깊이 감사를 전한다. 오늘 이 장엄한 합창은, 내게 거대하고도 성대한 하나님의 인도하심을 떠올리게 했다.

2. 깨달음 : 오늘

우리가 주목하는 것은 보이는 것이 아니요, 보이지 않는 것이니 보이는 것은 잠깐이요, 보이지 않는 것은 영원함이라.

고린도후서 4장 18절

오늘 아침도 변함없이 눈을 뜨게 하신 하나님 아버지께
감사와 찬양을 올려드립니다.
주께서 주신 귀하고도 멋진 하루,
저는 오늘도 최선을 다해 살아내고 싶습니다.
주님, 도우소서.
하나님께 기쁨이 되고,
저 또한 기쁘며,
저의 가족에게도 기쁨이 되는 하루가 되게 하소서.
주의 이름을 부를 때마다
은혜가 흐르고, 기쁨이 샘솟습니다.
찬양을 부르며 미뤄두었던 설거지를 하였습니다.
작은 일상 속에서도 주님은 함께하십니다.

지나가는 것에 마음 두지 않게 하시고
영원한 것에 집중하는 지혜를 주옵소서.
아름다운 꽃도 결국 시들어 사라지지만
영원히 남는 것은 생명의 말씀.
그래서 오늘도 성경을 펼쳐 읽습니다.
지금, 하나님은 나에게 무엇을 원하실까요?
구원받은 자로서
그 사랑을 실천하길 바라십니다.
이 자리, 이 삶에서
주께서 주신 달란트로 찬양하고,
그 사랑을 흘려보내는 삶을 살길 원하십니다.
감사와 찬양, 기도와 말씀 묵상 속에서
오늘도 조용히 깨달음을 주시는 주님.
우리 하나님,
참 좋으신 분입니다.

3. 멈춤 : 촛불 앞에서

지혜는 진주보다 귀하니 네가 사모하는 모든 것으로도 이에 비교할 수 없도다.

잠언 3장 15절

"불 끄기 전에 할머니가 소원을 말하겠어요."
65번째 생일을 맞아 온 가족이 한자리에서 축하 노래를 불러주었다.
"성경 말씀에 지혜는 진주보다 나으므로 원하는 모든 것을 이에 비교할 수 없다고 했습니다. 지혜를 간구합니다."
"무릇 내 마음을 지키라고 하셨으니 마음을 지키도록 노력하겠습니다."
"지금까지 함께하신 하나님 감사합니다."
기도를 드린 후 촛불을 끄려는 순간, 4년 전 목이 아파 소리를 내지 못했던 그 시간이 갑자기 생각나 잠시 머뭇거렸다. 그리고 모든 것이 하나님의 은혜임을 마음 속으로 고백했다.

"촛불이 안 꺼지네. 어떻게 할까요?"
식구들에게 도움을 구했다.

제3장 삶으로 드리는 꽃 같은 찬양

"같이 불어 봐요."

두 손녀와 함께 후, 불으니 촛불이 꺼졌다.

귀엽고 사랑스러운 두 손녀에게 꽃과 선물을 받으며 감사했다.

촛불 앞 잠시 멈춤의 시간, 그동안 잊고 있었던 하나님의 은혜를 생각하게 되었다. 촛불 앞 잠시 멈춤의 시간, 두 손녀와 함께 촛불을 불 수 있었다. 촛불같은 인생에서 잠시 멈춤은 반드시 필요한 시간이다. 감사와 소중한 것을 생각할 수 있으니까 말이다. 오늘처럼, 잠시 멈춤의 시간을 통해 내 인생에 허락해주신 하나님의 은혜를 늘 되새기는 사람이 되어야겠다.

4. 적절함 : 하얀 마음으로 이어주는 사람

범사에 기한이 있고 천하 만사가 다 때가 있나니.

전도서 3장 1절

깊은 밤과 함께 첫눈이 왔다.
주변을 하얗게 덮어주니 예쁘다.
나뭇가지에 소복하게 쌓여 하얀 선들이 만들어져 아름다웠다.
선과 선이 이어지는 모습이 우리를 향하신 하나님의 사랑처럼 보였다.

눈이 적당히 왔을 때는 예쁘고 좋았으나, 이틀째 눈이 내리니 폭설주의보가 내렸다. 눈의 무게를 감당하기 어려워 나뭇가지가 찢어졌다.
'적절함'이란 단어가 마음에 찾아왔다.

한낮에 햇살이 쨍쨍 비추었다.
눈들이 녹고 있었다.
해의 위력이 대단하다.

한 때 문제였던 것이 시간이 지나면 해결되고 하나님의 섭리였음을 깨닫게 되는 것과 마찬가지인 듯하다. 자연의 이치가 그러했다. 나뭇가지에 쌓여있던 눈들이 햇볕으로 녹듯 우리의 인생도 서서히 지고 있음을 늘 기억해야 겠다.

흐르는 시간, 변화하는 계절을 통해 나는 하나님의 자녀로서 하얀 마음을 전하고 있는가 돌아본다. 적절함으로 마음과 마음을 이어주는 사람이 길 바란다.

5. 섬세함 : 실수를 통해 배우다

유대인의 왕으로 나신 이가 어디 계시냐 우리가 동방에서 그의 별을 보고 그에게 경배하러 왔노라.

마태복음 2장 2절

예수님의 탄생을 기념하며 왕 되신 예수님을 표현하기 위해 남편과 교회로 갔다.

'예수님은 유대인의 왕', '경배한다'라는 것을 강조하기 위해 남편은 별 모양을 장식하였다. 다섯 군데 모서리를 별 모양으로 표현하는 것이 쉽지 않았다. 건축가가 집을 짓는 마음으로 종이에 별을 그린 후 그것을 보며 정성스레 별을 만들었다. 다섯 개의 선을 살려 잘 꾸미고 싶었다. 작품을 보며 마음이 흡족했다. 하나님도 기뻐하시리라.

주일 낮 예배, 우리 부부는 서로 말은 하지 않았으나 마음이 불편한 점이 있었다. 왜냐하면 강대상 뒤에 장식한 별이 영상에 비추는데 별 속에 목사님의 얼굴이 보였기 때문이다. 그래서 말씀에 집중할 수 없는 장면이 연출되었다.

남편은 성탄 예배 때 아이들이 발표하는 시간을 생각하면 좋을 것이라고 생각했지만 결국 그것을 철거하기로 했다. 그래서 성탄 예배드리기 전날, 별 모양 장식을 철수하였다. 우리가 실수한 것이다. 하나님과 성도님들을 기쁘게 해 드리고픈 의도는 좋았으나 결과가 아쉬웠다.

하지만 이 경험을 통해 우리는 귀한 교훈을 얻게 되었다. '섬세함'은 작은 배려이자, 큰 사랑임을 배웠다. 머리로 그린 계획이 실제로는 어떤 영향을 미치는지, 현장에서 확인하고 조율하는 감각이 필요했다.

무엇보다, 하나님께 드리는 섬김은 단순한 열정이 아니라 사랑의 눈길과 세심한 손길로 이뤄져야 함을 배웠다. 실수를 통해 배운 이 진리는 우리에게 은혜로 남았다.

앞으로는 예수님과 목사님, 그리고 성도님들을 향한 섬세한 사랑과 배려로 우리의 마음과 손을 사용하고 싶다. 작은 장식 하나도, 주님의 영광을 가리지 않도록 기도하며 준비해야겠다는 다짐을 한다.

6. 희망 : 다시 나아가고 싶다

오직 여호와를 앙망하는 자는 새 힘을 얻으리니 독수리가 날개치며 올라감 같을 것이요 달음박질하여도 곤비하지 아니하겠고 걸어가도 피곤하지 아니하리로다.

이사야 40장 31절

'아, 목이 왜 이러지?'

불편한 목 상태가 마음이 많이 쓰이는 정도가 되었다. 출근해서 경건회를 준비하는데 계속 목이 아팠다. 병원을 가야지 했는데 연말 일처리를 하느라 가지 못하고 2주가 지나 버렸다. 목은 계속 아팠고 쉰 소리가 나왔다.

목사님께서 빨리 병원에 가지 않는다고 호통을 치셨다. 이비인후과를 방문했다. 병명은 성대 폴립(작은 도토리 크기의 단단한 멍울이 성대에 맺히는 증상)이었다.

"절대 말을 하시면 안됩니다."

의사 선생님의 말씀에 눈앞이 캄캄해졌다. 나는 복음을 전하고 성도님들

을 권면하는 전도사인데 말을 하면 안 된다니….

대학병원 예약을 하고 수술 날짜를 정하는 긴 시간 속에서 지루함과 고통이 뒤따랐다. 목사님은 새벽예배를 나오지 말라고 하셨다. 몸과 마음이 괴로웠다. 말을 못하고 모든 업무를 글로 대신하니 여간 힘든 게 아니었다. 김현선 전도사님이 사랑으로 협력해서 나의 입과 도움이 되어 주셨다.
하지만 그것도 한두 달이지, 사례를 받으며 일을 제대로 못 하는 것이 마음에 걸렸다. 수술을 앞두고 목사님께 무거운 짐을 올려드리고 있다는 생각에 사임을 결정했다. 때는 2021년 봄, 코로나가 심각한 상태였다. 그간 말을 자유롭게 하지 못한 사람들의 심정은 오죽했을까 싶었다. 목이 아프니 허리까지 아파왔다. 나는 그렇게 10년의 사역을 마치게 되었다.

지금 생각해보면 참 아이러니하다. 그토록 좋아하는 꽃을 내려놓고 인향이 더 소중하다 생각하며 신학 공부로 하나님께 순종하는 마음을 표현했는데, 이제는 꽃과 함께 글을 쓰고 있다. 사역을 계속 하고 있었다면 이렇게 글 쓸 생각도 시간도 없었을 것이다.
"당신의 글을 복음 전하는데 사용하라."는 오래된 동네 지인의 권면을 수용하여 글쓰기를 시작했는데 지금까지 지속하고 있다.
하나님은 여전히 나를 사용하고 계시다는 생각이 들었다. 말을 잃고, 사역을 놓고, 몸이 아픈 가운데서도 하나님은 멈추지 않으셨다. 나는 지금도 주님 앞에 조용히 고백한다.

주님, 저에게 다시 나아갈 수 있는 지혜를 주옵소서.
나이와 상황을 초월하여, 다시 주의 길로 나아가길 소망합니다.

7. 만개 : 염려 대신 은혜를

시험당할 즈음에 또한 피할 길을 내사 너희로 능히 감당하게 하시느니라.

고린도전서 10장 13절

염려하지 마.
꽃이 시들까 봐 걱정하지 마.
꽃이 시들어 떨어지면
그 자리에 열매가 맺히잖아.

염려하지 마.
예민하고 까칠했던 나를
주께서 변화시키셔서
이제는 찬양하는 자로 쓰임 받고 있잖아.
오늘도 말씀을 묵상하며
삶 속에서 꽃을 피우고 있어.

염려하지 마.
우리는 혼자가 아니야.
공동체가 있어 함께 나누고,
함께 기도하니
하늘의 소망이 우리 안에 살아 있잖아.

염려하지 마.
아직도 일하고 싶은 마음이 있다는 건
하나님이 여전히 나를 쓰시려는 뜻이겠지.
주께서 말씀하셨잖아,
"감당할 시험만 허락하신다"고.
그러니 우리는 넉넉히 이겨낼 수 있어.
사랑하며 감당해야지.
나를, 그리고 너를 위해.

찬양 가사처럼,
예수님의 십자가 그늘 아래서
오늘도 깊은 쉼을 얻네.
그리고 다시,
꽃처럼 피어나네.

제 4 장

하나님의 정원에서 자라는 나의 마음

하나님의 정원에서 우리의 마음은 매일 자라고 있습니다.
때론 고요히, 때론 눈물로 적시며 그리고 때론 찬양의 꽃을 피우며 말이지요.
이 장에서는 하나님의 손길 속에서 준비되는 삶의 여정을 따라갑니다.
'동행'을 통해 우리는 지금이 결코 우연이 아님을 깨닫고,
'성찰'을 통해 마음의 뿌리를 점검하며 믿음의 열매를 다시 바라보게 됩니다.
'오늘'은 그저 지나가는 시간이 아니라,
하나님께서 허락하신 선물임을 고백하며
감사로 하루를 살아가는 훈련을 합니다.
그리고 '전하기'를 통해 삶에서 그리스도의 향기가 흘러가기를 꿈꾸지요.
하지만 우리는 늘 같은 자리만 맴돌지 않습니다.
넘어지고, 지치고, 멈추기도 하지요.
그때 '다시' 우리에게 새롭게 피어나는 찬양의 기도를 올릴 수 있는
믿음의 용기를 건네줍니다.
마침내 '회복'에서는 주님이 보내신 한 송이 위로가
지친 영혼을 감싸 안으며 우리를 다시 그분 앞으로 이끕니다.
하나님의 정원은 항상 피고 지고 또 피는 은혜의 계절입니다.
이 장을 읽으며 독자 여러분의 마음에도
그분이 주신 꽃 한 송이 피어나길 소망합니다.

1. 동행 : 준비

너희가 자기를 위하여 공의를 심고 인애를 거두라. 너희 묵은 땅을 기경하라. 지금이 곧 여호와를 찾을 때니 마침내 여호와께서 오사 공의를 비처럼 너희에게 내리시리라.

호세아 10장 12절

불행하다고 생각했니?
그래서 한숨을 쉬었구나.

있잖아,
오늘도 따스한 햇살이 우리를 감싸고 있어.
주님을 바라보며
그분이 공급해주시는 사랑을 마음껏 받아
우리의 꿈을 펼쳐보는 거야.

나는 말이야,
지나온 시간들이 골짜기 밭 같았어.

그곳엔 돌도 많고, 걸림돌도 많았지.
하지만 하나하나 치우다 보니
어느새 오독오독,
좋은 밭이 되었어.

이제,
씨앗을 심을 준비가 된 것 같아.
우리 함께
씨를 뿌려보는 건 어떨까?

2. 성찰 : 뿌리와 열매

오직 성령의 열매는 사랑과 희락과 화평과 오래 참음과 자비와 양선과 충성과 온유와 절제니 이같은 것을 금지할 법이 없느니라.

갈라디아서 5장 22절~23절

말로 그대의 마음에 상처를 주었네.
그 상처가 부메랑처럼
나의 마음을 콕콕 찌르듯 하네.
그 아픔을 안고 조심해야지,
생각하고 또 생각하나
이미 지나버렸네.
왜 그렇게밖에 못했나
후회하며 되묻는다.

그대여, 미안하오.

꽃보다 그대가 우선인데,

그대의 마음을
위로와 사랑으로
보듬어주어야 하는데
그러지 못했다.

하나님이 당신을 사랑해 주시네.
하나님이 꽃을 피우게 하시고,
그 꽃이 당신의 마음을
조용히, 따뜻하게
치유해 주시네.
마주 보며 대화하고,
함께 성경을 읽고 기도하는
영적인 우리 가정.

아굴라와 브리스길라 같은
동역의 부부 되길 원하네.
하나님을 믿는 믿음을
삶의 뿌리로 두고,
그 위에 사랑의 열매가
주렁주렁 맺히길 기도하네.

3. 오늘 : 선물임을

호흡이 있는 자마다 여호와를 찬양할지어다 할렐루야

시편 150편 6절

"머리가 아파요."

"만지지도 못할 정도입니다."

"너풀너풀, 얇은 촉수 같은 것들이 요동치는 느낌이에요."

나는 의사 선생님 앞에서 조심스레 증상을 이야기했다.

마치 열려 있어선 안 될 문이 열려 있는 듯한 느낌이었다.

이어서 말했다.

"가슴이 꼭꼭 찌르듯이 아파요."

"저도 모르게 손이 가슴으로 가요."

"가슴 한가운데, 마치 물감을 풀어놓은 듯 무언가 번져 있는 것 같아요."

생각이 너무 많아, 결국 나 자신이 나를 가장 힘들게 하고 있었다는 걸 깨달았다.

그간 내 몸을 돌보지 못해 미안했다.
그간 내 영혼에 귀 기울이지 못해 미안했다.
검사를 마치고 결과를 들었다.
의사 선생님은 조심스레 말했다.
"뇌경색이 살짝 지나간 흔적이 보입니다. 아마 그 후유증일 거예요."
'살짝'이라니, 그 말이 그렇게 감사할 수가 없었다.
상처는 사진 속에 흔적으로 남아 있었고, 작은 돌도 함께 발견되었다.
현실 앞에 나는 직면했다.
그저 내 마음을 천천히 다독인다.
"그럴 수도 있어."
"괜찮아."
"그래도 편마비가 오지 않은 건 감사한 일이야."
설령 온다 해도, 재활 치료를 받으며 다시 일어날 수 있을 거야.
앞으로는 나를 더 잘 돌보아 주자.

지금 이 자리에서, 있는 그대로의 나를 바라보며
따뜻하게 안아준다.
주의 손이 나를 어루만져 주시니,
'오늘'이라는 하루에 숨 쉬고 있음이
얼마나 귀하고 아름다운 선물인지 알아차린다.

이제, 주님의 포근한 품에 안겨

그저 평안히,

잠들고 싶다.

4. 전하기 : 그리스도를 아는 냄새

항상 우리를 그리스도 안에서 이기게 하시고 우리로 말미암아 각처에서 그리스도를 아는 냄새를 나타내시는 하나님께 감사하노라.

고린도후서 2장 14절

하나님께서 나에게 허락해 주신 사람들을 만날 때 예수님의 향기를 전했는가? 혼자 있을 때가 진짜 나의 모습이라고 하는데 과연 나는 혼자 있을 때 어떤 향기를 풍기고 있는가? 예수님을 믿는 자의 향기는 어떠해야 할까? 나는 주변에 어떤 영향을 주고 있는가?

하나님의 자녀다운 향기를 전하기 위해서는 늘 기도가 필요하다. 그리고 성경 말씀을 묵상함으로 몸과 마음까지 성장시켜야 한다. 우리는 그리스도를 아는 냄새 즉, 복음 전하는 데 총력을 다해야 한다. 주님의 선한 도구로 쓰임 받아 그리스도를 전파하며 하나님께 감사하는 삶을 살아야 하는 것이다. 배우고 가꾸며 충만하게 오늘이라는 시간을 채워가는 것, 하나님의 은혜로 가능한 일이다.

하나님께서 나에게 허락해 주신 재능 중 하나인 꽃꽂이를 하며 꽃향기

를 닮는 자 되게 해 달라고 기도드려야겠다. 꽃향기처럼, 예수님의 향기를 전하는 자로 살아가길 원한다.

주님!
오늘이라는 시간, 그저 스쳐 지나가지 않게 하소서. 기도로 배우고 말씀으로 가꾸며 충만하게 채워가게 하소서. 하나님께서 내게 주신 재능, 꽃과 손끝의 만남을 통해 나는 자연 속에 숨겨진 하나님의 예술을 만납니다. 그 향기로운 아름다움 속에서 예수님의 사랑을 떠올립니다.
주님! 제 삶이 꽃향기처럼, 예수님의 향기로 피어나게 하소서. 말 없이도 사랑을 전하는 향기처럼 그리스도를 전하는 자 되기를 원합니다.

5. 다시 : 새롭게 피어나는 찬양

호흡이 있는 자마다 여호와를 찬양할지어다(할렐루야).

시편 150편 6절

얼마 전, 오랫동안 잊고 지냈던 서울대 찬양선교단 제20회 정기 연주회에 다녀왔다. 아들이 그 선교단의 일원이었다. 마치 엊그제 같았던 그 시절이 어느새 아련한 추억으로 가슴 깊이 스며들었다.

연주회를 앞두고, 아들이 후배들과 함께 연주에 참여한다는 소식에 엄마의 마음으로 그들을 위해 기도해 달라는 부탁을 받았다. 그 순간, 나는 얼마나 오랫동안 기도를 잊고 있었는지를 깨닫고 하나님과 그들에게 깊은 죄송함이 밀려왔다. 마음의 문을 열고 회개하며 하나님께 기도드렸다.
"주님, 연약한 이 딸을 긍휼히 여겨 주소서."
아들이 학교를 졸업한 지 오래임에도, 나는 오직 현재와 미래만을 바라보며 기도할 뿐 선교단과 그 아름다운 시간을 잊은 채 살아왔음을 고백했다.

그날, 찬양단이 전하는 맑고 고운 노래 한 소절 한 소절이 내 마음에 깊은 은혜로 스며들었고, 감사와 감동이 가슴 가득 넘쳐흘렀다. 찬양선교단을 위해 간절히 기도하던 내 옛 모습을 떠올리며 마치 시간의 강을 거슬러 올라간 듯, 그 아련한 순간들 속으로 다시 돌아간 듯했다.

이제 다시, 마음을 다해 찬양선교단과 그들의 사역을 위해 기도하려 한다. 하나님께 간절히 구하며, 주의 말씀 따라 온 마음 다해 주님을 찬양하며 살아가고자 다짐한다. 호흡이 있는 모든 순간마다 주님께 영광 돌리는 삶을 살게 하시고, 내 마음이 언제나 찬양의 노래로 가득하기를 간절히 소망한다.

6. 회복 : 주님이 보내신 위로 한 송이

너의 하나님 여호와가 너의 가운데 계시니 그는 구원을 베푸실 전능자
이시라
그가 너로 말미암아 기쁨을 이기지 못하시며, 너를 잠잠히 사랑하시
며, 너로 말미암아 즐거이 부르며 기뻐하시리라.

스바냐 3장 17절

"안녕? 예쁜 장미야."
마음이 조금 울적할 때,
나는 장미를 찾곤 해.
장미는 참 예쁜 얼굴을 가졌지만,
가끔은 가시가 나를 콕콕 찌르기도 하지.
그럴 때면 나도 모르게 투덜투덜,
불평이 나와.
하지만 이내,
나 자신을 조용히 다독이며 말한단다.

"오늘은 긍정 마인드로 나를 안아주자.
가시 말고 예쁜 꽃을 보며 말이야."

그럴 때 놀랍게도 꽃은
마음의 치료사가 되어주기도 해.
"반가워."
꽃이 웃으며 나를 반겨주는 것 같기도 해.
주께 가까이 함이 우리에게 기쁨이 되듯,
꽃을 바라보는 것만으로도 회복이 일어날 수 있어.
한 송이 꽃을 나 자신에게 선물해보면 어떨까?
그 꽃이
시각을 밝히고,
후각을 일깨우며,
촉각과 청각,
심지어는 미각까지도 달래줄 수 있어.

차 한 잔 옆에 두고
바라만 봐도 위로가 되는 꽃.
그때,
나의 위로자 되시는 하나님께서 지으신

작은 꽃들이 모여
하늘 아래서 춤을 추고 있었지.

힘든 자,
외로운 자,
아픈 자,
고민 있는 자,
그 모두를 향해
위로의 하나님이 다가오서.
살며시,
조용히,
따뜻하게.

주 하나님 지으신 모든 세계 내 마음속에 그리어 볼 때.
입가에 찬양이 피어올라.
꽃 한 송이에 모든 세계가 담겨 있는 듯하거든.
우리 함께,
꽃과 놀아보자.
우리 함께,
찬양의 향기를 올려드리자.

7. 깨움 : 영혼들을 바라볼 때

여호와의 말씀이 또 내게 임하니라 이르시되
'예레미야야 네가 무엇을 보느냐?'
내가 대답하되 '내가 살구나무(아몬드나무) 가지를 보나이다.'
여호와께서 내게 이르시되
'네가 잘 보았도다 내가 내 말을 지켜 그대로 이루려 함이라.'

예레미야 1장 11절~12절

"어머나! 싹이 나네."
나뭇가지에 새싹이 나고 있었다. 버려진 나뭇가지를 집에 가져와 꽃병에 꽂아 놓았는데 연푸른 새싹이 돋고 있어 살아 있다는 것을 알게 되었다. 추운 겨울, 트리를 장식하려고 집에 가지고 온 보잘 것 없는 나뭇가지였는데 말이다.

"나무야, 살아 있다니 고마워."
"저도 고마워요. 따뜻한 집안으로 저를 데리고 와 주셔서 좋았어요."
"어머, 그랬구나."

"제가 살아날 수 있도록 해 주셔서 고맙습니다. 그래서 저도 힘써 새싹을 피웠어요."
조그마한 관심으로 생명이 되살아날 수 있음을 깨닫게 되었다.

새싹을 보며 '잠자는 자를 흔들어 깨운다.'라는 뜻을 가지고 있는 성경의 아몬드꽃이 생각났다. 또한 아몬드꽃은 새로운 봄을 알려주고 희망과 사랑을 상징하기도 한다.
지금 나는 깨어 있는가.
지금 나는 누군가를 깨우고 있는가.
겨울 나뭇가지처럼 새싹과 같은 희망을 품고 있는가.
사랑의 마음으로 영혼들을 바라보고 있는가.

자연의 강한 생명력을 보며, 나 역시 깨어 있는 자가 되어 잠자는 자를 흔들어 깨울 수 있는 자가 되어야겠다 다짐해 본다.

8. 예쁨 : 셋의 마음

상심한 자들을 고치시며 그들의 상처를 싸매시는도다.

시편 147편 3절

얼마나 힘들면
얼마나 아프면
그럴까

하나님 앞으로 나아가는
과정

누워만 있으니
걸음도 잃어버리는
시간
병실 복도를 한번 걷기도 힘드니
얼마나
고통스러울까

그대를 생각하니 마음이
저려와요

하나님!
걸을 수 있도록
회복의 은혜를 주소서

시들어가는 꽃에 물을 주듯
꽃이 물을 흡수하여 다시 살아나듯
이 모든 것 주님의 손길에 의탁하네

그대 또한 선택에 충실하여
차근차근 한 발 한 발 내디뎌
면역력을 키워가요

한 번 더 생명을 연장해 주신 하나님께
흔들리는 작은 꽃에
함께 감사 찬양을 드려요

그러면
하나님이 얼마나
이뻐하실까!

9. 평온 : 주님 품으로 가는 길

내가 너를 지명하여 불렀나니 너는 내 것이라.

이사야 43장 1절

시간이 흘러
단어들이 잊혀가듯
꽃들의 이름도
조금씩 잊혀져 가네.
꽃의 모양은 여전히 기억 속에 남아 있지만,
그 꽃들이
내 이름을 잊은 것만 같네.

지금의 꽃들은
그저 조용히 웃으며 나를 반겨주고 있네.
긴 세월이 흐른 뒤
다시 찾아간 그곳,
그들은 여전히
내게 말을 걸고 있었네.

희미한 기억 속에 남아 있던
그들의 모습도
이제는 세월 따라 익어가고 있었고,
내 모습 또한
조용히 익어가고 있었지.

그러다 문득
겨울이 되었음을 알게 되었네.
차가운 바람 속에서
이제는 어서
포근한 곳으로 가야겠다는
마음의 준비를 하네.
두 팔 벌려 날 기다리시는
주님의 품에
그저 안기고 싶네.

자주 잊고, 잊혀져 가는 삶 속에서도
하늘나라의 부르심을 따라
평온히 가기를
오늘도
기도드리네.

제 5 장

감정과 관계 속에서 피어난 이야기

우리는 하루에도 수없이 많은 감정을 느끼며 사람들과 얽히고 스며듭니다.
작은 기쁨에서 큰 슬픔까지, 미묘한 감정의 결은
우리의 삶을 더욱 깊고 풍성하게 만들어 줍니다.
이 장에는 그런 감정과 관계 속에서 피어난 조용한 이야기들을 담았습니다.
누군가에게는 따뜻한 위로가 되고,
누군가에게는 '나만 그런 게 아니었구나' 하는
안도의 숨이 되기를 소망하며 한 글자, 한 문장 써내려갔습니다.
단비처럼 누군가의 하루에 미소를 건네고 싶었던 날들,
꽃처럼 피어나는 아름다움에 감탄하던 순간들,
내 마음을 괜찮다고 다독이던 시간들.
그 안에는 사랑과 회복 그리고 다시 사랑하려는 고백이 담겨 있습니다.
이 글을 읽는 당신의 마음에도
하나님의 은혜로 맺힌 조용한 열매 하나가 피어나기를 기도합니다.

1. 미소 : 단비가 되고 싶은 하루

주께서 땅을 잘 돌보사 기름지게 하시며
하나님의 강이 물을 채우니 땅이 만족하였나이다.
주께서 밭에 물을 내리사 곡식이 풍성하게 하시며
산들이 기쁨으로 둘러싸였나이다.

시편 65편 8절~10절

톡톡 톡.
빗소리가 우산에 부딪히며 떨어지는 소리를 들으며 남산을 산책했다.
'이게 얼마 만인가!'
그동안 오고 싶었지만, 오늘 이 순간에야 비로소 누릴 수 있었다.

길가 개나리들이 꽃을 피우려 하고 있었다. 포근한 봄바람에 살랑거리는 나뭇가지들도 단비를 반기며 방긋 웃는 듯했다.
"단비야, 고마워."
나도 고마운 마음을 전했다.

혼자서는 어려운 일이었지만, 함께라서 가능했다.
셀 리더님의 안내 덕분에 가능했던 하루, 정말 감사했다.
'10일 후면 개나리가 웃으며 예쁜 꽃을 피우겠지!' 생각하니, 입가에 미소가 번졌다.

식물에 단비가 필요하듯, 우리 각자에게도 하나님의 단비가 필요하다.
좋은 지도자를 만나게 하시고, 함께하는 공동체 안에서 누리게 하시니 감사했다.
톡톡 톡, 떨어지는 비처럼 나 또한 누군가에게 단비가 되고 싶은 하루, 정말 감사하다.

2. 아름다움 : 꽃처럼

나는 사론의 수선화요, 골짜기의 백합화로다.

아가서 2장 1절

똑똑.
예쁜 꽃을 보듯, 내 감정을 다독이며 "고마워."라고 말해보았다. 이렇게 마음을 보듬으면서 나에게 예쁜 꽃을 만들어 주련다.
"꽃아, 고마워. 함께라서 좋아."
교육기관에서 꽃 강의를 부탁했다. 기도하면서 강의안을 준비하는 동안 즐거움과 감사함이 가득했다. 20년 넘게 강의를 하지 않았는데, 하나님의 은혜로 평안하게 준비할 수 있었다. 아들 요한이가 PPT 자료를 정리해 주었다.
"어머님은 좋으시겠어요. 예쁜 꽃을 보시니." 꽃시장에서 함께 꽃을 고르던 며느리가 나를 부러워했다.
"응, 좋아. 고마워." 나는 꽃처럼 대답했다.

꽃다발을 만들 때 자연이 준 선물들을 생각하며, 포장지는 쓰지 않기로

했다. 크림색 큰 장미와 봄을 알리는 노란 튤립, 핑크 카네이션으로 감사한 마음을 담았다. 새로운 출발을 의미하는 보라색 프리지어와 유칼리 꽃도 함께 장식했다.

나에게 주는 아름다운 꽃 선물에 큰 의미가 담겨 있다는 걸, 함께한 대표들의 이야기를 들으며 더욱 깊이 느꼈다.

전에 나 자신에게 꽃을 선물한 적이 있지만, 이번엔 더 특별했다. 발표할 때 뿌듯함이 마음을 가득 채웠다. 우리 모두 서로를 다독이며 사랑을 나누는 소중한 시간을 가졌고, 그 안에 감사가 넘쳤다.

감사와 칭찬을 아낌없이 나누도록 자리를 마련해 준 최덕분 대표님께도 감사하다. 우리 모두 각자 소중한 존재로 세상에 선물로 왔으니, 그 가치를 잘 관리하며 살아가자고 이야기했다. 나에게 주어진 꽃을 꽃병에 꽂으니, 꽃들이 방긋방긋 웃는 것 같았다.

꽃을 사진에 담아 단체 카톡방에 올렸다. 은은한 색감이 내 마음을 위로해 주었다.

꽃을 더 가까이 두고 싶어서, 노트북 옆으로 꽃병을 옮겼다.

꽃처럼 피고, 나누고, 행복해 하고, 아름답게 그렇게 살고 싶다.

3. 정상 : 예쁜 단어들

내가 산을 향하여 눈을 들리라 나의 도움이 어디서 올까
나의 도움은 천지를 지으신 여호와에게서로다.

시편 121편 1절~2절

"너무 힘들어. 언니, 잠시 쉬어가자."
4년 만에 산을 오르니, 그럴 만도 했다.
동생인 나는 언니가 아무 말 없이 따라 쉬어주는 것이 고마웠다.
그러다 도저히 더 오를 수 없을 것 같아 포기하고 내려가고 싶었다.
"언니, 얼마나 더 가야 해?"
거친 숨을 몰아쉬며 쉬고 있을 때, 어느 등산객이 말해 주었다.
"조금만 더 오르면 정상입니다."
"아, 네, 고맙습니다."
"꼭 일기장에 기록해 주세요."

바위들이 무섭기도 했지만 참고 끝까지 정상에 이르렀다.
관악산 선유천 국기의 태극기가 바람에 휘날리고 있었다.

애국심이 일어났다.

날씨가 좋아 서울 시내가 선명하게 보였다.

멀리서도 서울대학교와 한강의 물줄기 곡선

그리고 우뚝 선 남산타워가 보였다.

"와, 멋지다. 하나님, 감사합니다."

내가 산에 왔다는 것이 꿈만 같았다.

중간에 포기하지 않고 정상에 오른 것에 감사했다.

내려오면서 몸과 마음이 평안해지니,

주변 식물들이 더 아름답게 보였다.

3월 중순 기온이 낮아서인지 산수유 나무는 꽃봉오리만 맺고 있었다.

이곳에도 곧 개화가 시작될 것이다.

등산과 개화, 참 예쁜 단어들을 내 마음에 피우고 간다.

4. 괜찮아 : 이런 날

너희 안에서 착한 일을 시작 일을 시작하신 이가 그리스도 예수의 날까지 이루실 줄을 우리는 확신하노라.

빌립보서 1장 6절

나의 인생은 지금 어떻게 흘러가고 있나?
유심히 나를 바라본다.

이제라도 토양에 씨앗이 심겨졌을까?
싹이 나고 꽃이 피고 있을까?
궁금하고 궁금해 또 나를 바라본다.

온 마음과 정성으로 걸어왔다고 생각한다.
추억의 구름들이 말을 건넨다.

괜찮아.
그럴 수도 있어.

어떤 결과이든, 오늘도 나는 과정에 충실하고 있다.
그런 나를 살포시 안아주며 미소를 짓는다.

5. 풀다 : 내려놓음

아무것도 염려하지 말고 다만 모든 일에 기도와 간구로,
너희 구할 것을 감사함으로 하나님께 아뢰라.
그리하면 모든 지각에 뛰어난 하나님의 평강이
그리스도 예수 안에서 너희 마음과 생각을 지키시리라.

빌립보서 4장 6절~7절

"당신은 하나님의 사랑을 듬뿍 받고 있어."
5분만 누워도 잠을 잘 자는 나를 보며, 남편은 부러워하곤 했다.
하지만 지금은 잠을 이루지 못할 때가 많다.
마음의 근심이 뼈를 상하게 하듯, 내 좁은 소견으로 고민이 많아 잠을 이루지 못하고 있다.
'어쩜 이렇게 생각이 많을까?'
내 모든 것을 주님께 맡기자 하면서도, 여전히 모든 것을 내 마음대로 하려고 한다.
기도보다 성령의 인도보다 내가 먼저 행동할 때가 많다.
그래서 복잡한 생각들이 앞서고, 마치 엉킨 실타래처럼 내 마음이 엉망

이 된다.

이것을 어떻게 풀어야 할까?

하나님 아버지,

저를 이 땅에 보내주심에 감사와 찬양을 드립니다.

이제 육십 대 중반에 접어들었습니다.

'겉 사람은 후퇴하나 속 사람은 날로 새로워진다.' 하셨습니다.

하지만 제 몸과 마음은 연약합니다.

이 딸을 용서하소서.

제가 할 수 있는 일은 오직 복음을 전하는 일이지만,

아무것도 하지 않고 있습니다.

오 주님,

제 마음도 지키지 못하고, 무너질 때가 많습니다.

어떻게 해야 할지, 주여 저를 이끌어 주세요.

남은 시간 동안 최선을 다해 하나님의 선한 도구가 되길 원합니다.

예수님의 이름으로 기도합니다.

아멘.

내 모든 시험과 무거운 짐을 주 앞에 찬양과 기도로 내려놓는다.

6. 위로 : 엄마가 그리워

어머니가 자식을 위로함 같이
내가 너희를 위로할 것이니
너희가 예루살렘에서 위로를 받으리라.

이사야 66장 13절

엄마.
조용히 불러보는 엄마.
엄마가 그리워.

소녀였던 나는 이제 엄마의 나이를 훌쩍 넘었네.
엄마와 함께했던 그 시절이 그리워
고향 땅을 밟았어.
그때는 질퍽한 땅이 불편했는데,
이제는 정겹게 느껴지기까지 하네.

아픈 세월, 밭일하시며 찬양 부르고 기도하셨던 엄마.

주름 속에 담긴 고뇌와 번민이 얼마나 깊었을지,
조금이나마 알 것 같아 죄송할 뿐.
엄마를 기억함은 희미해졌지만
밭은 여전히 그대로인걸.
고향을 찾아오니, 길가의 꽃들이 나를 반겨주네.
그때는 보이지 않았던 저수지에 물이 빛을 받아 반짝이며,
나를 위로해주네.

엄마!
그리움에 가득한 꿈 같은 시간을 보낼 수 있었어.
오늘도 엄마를 조용히 불러볼 수 있고,
엄마와 함께했던 그 공간을 걸을 수 있었네.

이 모든 것이 우리를 사랑하시는 하나님의 은혜였네.

7. 고백 : 한 몸인 것 같아

몸은 하나인데 많은 지체가 있고,
몸의 지체가 많으나 한 몸인 것 같이 그리스도도 그러하니라.

고린도전서 12장 12절

입술 끝에 작은 새싹을 그려보았어요.
왜냐하면, 말 한마디가 누군가의 마음에
잔잔한 파문을 일으킬 수도 있으니까요.
그 말을, 좀 더 조심하고 싶었어요.

귀엔 작은 꽃을 그렸어요.
누군가 내게 건네는 말 한마디를
끝까지 귀 기울여 듣고 싶었거든요.
그 안에 담긴 마음까지 들을 수 있기를 바라며 말이에요.

눈에도 꽃을 그렸어요.
눈에 비치는 세상을

조금 더 부드럽고 따뜻하게 보고 싶었어요.
사소한 것에서도 아름다움을 찾고 싶었죠.

그리고 마음에는
작은 하트들을 조용히 그려 넣었어요.
그 하트들을
누군가의 마음에 살며시 날려 보내고 싶었어요.
오늘 하루, 누군가가 사랑받고 있다고 느낄 수 있도록요.

하지만 어느 순간,
자아는 저도 모르게 불쑥 고개를 들었어요.
기도와는 다르게,
입술은 제 감정대로 말을 내뱉고
귀는 상대의 끝말을 자르기 일쑤였어요.
눈은 전체를 보지 못하고,
부정적인 것에만 초점을 맞추었죠.
마음은…, 욕심으로 채워져 있었어요.
작은 하트 대신, 작은 불평들이 자꾸만 떠올랐어요.

그래서, 다시 무릎 꿇었습니다.

조용히, 그러나 간절히 고백했어요.
"오, 주님.
이 딸의 연약함을 용서하소서.
성령으로 충만케 하사,
주님 마음 닮은 삶으로 인도하여 주소서."

하나님이 계시기에 나는 오늘도,
입술 끝에 새싹을 그리고
귀에 꽃을, 눈에 꽃을,
마음엔 작고 따뜻한 하트를 조용히 그려넣습니다.
비록 완벽하지 않아도,
내가 지닌 말과 눈빛과 귀 기울임과 마음이
누군가에게 위로가 되고
하나님의 사랑이 흘러가는 통로가 되기를 바라며
지체로서의 나를 기억합니다.
그리스도의 한 몸 안에서
사랑으로 연결된 한 조각 존재임을,
다시 고백합니다.

8. 사랑 : 피어나다

입을 열어 지혜를 베풀고 그의 혀로 인애의 법을 말하며

잠언 31장 26절

"어머님, 꽃꽂이 배우고 싶어요."
뜻밖의 말이었다.
갑자기 며느리가 꽃꽂이를 배우고 싶다고 했다.
"어머님이 시간 내주시면 좋겠어요."
"그래, 그러자. 네가 배우고 싶다니 고맙구나."
"한 달에 두 번, 레슨비도 드리면서 정식으로 배우고 싶어요."
"하하하."

결혼 전, 며느리는 종종 꽃을 사 와 꽃꽂이를 조금씩 배운 적이 있었다.
하지만 각자의 바쁜 삶 속에 그 시간을 이어가기는 쉽지 않았다.
그렇게 잊혀지는가 싶었는데, 이제 와 다시 배우고 싶다고 하다니.
"어머님이 가지고 계신 재능이 너무 아까워요. 배울 수 있을 때 배우고 싶어요."

그 말에 마음이 찡했다. 아이들을 키우며 직장까지 다니는 며느리가 시간을 내서 배우겠다고 하니 그 마음이 예쁘고 고마웠다.

문득 2년 전, 손녀와 함께 꽃을 사러 갔던 날이 떠올랐다. 그날은 비가 부슬부슬 내렸지만, 우리는 우산을 들고 양재 꽃시장으로 향했다. 꽃들은 마치 우리를 반기듯, 방긋방긋 웃고 있는 듯 보였다. 예쁜 꽃들을 한 아름 사 와 기본적인 꽃꽂이 방법을 가르쳐 주었더니, 생각보다 손재주가 좋았다. 감각도 있고 표현도 섬세해서 꽃바구니 하나를 제법 멋지게 완성했었다.

그 장면이 아직도 눈에 선하다. 비 오는 날, 꽃과 웃음이 가득했던 그 따뜻한 기억이 내 마음속에 고이 피어 있다. 그리고 이제, 다시 그 시간들이 시작되려 한다.

꽃을 사이에 두고 마주 앉을 수 있다는 것.
서로의 마음을 들여다보며,
손끝에서 피어나는 이야기를 나눌 수 있다는 것.
내가 가진 것을 물려준다는 건, 단지 기술을 가르치는 일이 아니다.
그 안에는 사랑이 있고, 기다림이 있고, 함께한 시간의 깊이가 있다.
며느리와의 꽃 수업이 시작되면, 우리는 꽃보다 더 고운 마음을 나누게 될 것이다.

그 시간들이 언젠가, 그녀의 삶 속에서도
따뜻한 꽃잎처럼 피어날 수 있기를.
그렇게 또 하나의 사랑이 피어난다.

9. 존경 : 존귀한 헌신

그러므로 형제들아 내가 하나님의 모든 자비하심으로 너희를 권하노니, 너희 몸을 하나님이 기뻐하시는 거룩한 산 제물로 드리라. 이는 너희가 드릴 영적 예배니라.

로마서 12장 1절

성전 꽃꽂이로 하나님께 봉헌하시는 권사님의 모습은 그 어떤 꽃보다도 아름다웠다.

자비량으로 오랜 세월 헌신해 오신 권사님을 하나님께서 얼마나 기뻐하시고 사랑하실지 깊이 헤아려 본다. 세련된 감각으로 연출하신 꽃꽂이는 성도들에게 기쁨과 은혜를 선물해 주었다. 33년이 넘는 시간 동안 꽃으로 하나님을 섬겨오신 권사님과 함께할 수 있음이 그저 감사할 뿐이다. 절기마다, 매 주일마다 강단을 꽃으로 단장해 오신 권사님은 이렇게 고백하신다.

"교회 꽃꽂이를 한 주도 빠짐없이 봉헌할 수 있었던 것이 참으로 감사한 일이었습니다. 꽃꽂이를 할 수 있도록 건강을 허락하신 하나님께 늘 감사드립니다."

"어떻게 그렇게 오랫동안 이어오실 수 있었습니까?"라는 질문에
"가끔 몸이 아플 때도 있었지만, 꽃꽂이를 할 수 있음이 오히려 감사했지요."
담담히 말씀하시는 권사님의 모습에서 깊은 존경심이 절로 우러나온다. 비가 오나 눈이 오나, 계절과 날씨에 관계없이 시간과 마음을 다해 묵묵히 헌신해 오신 권사님의 삶.
그분의 이름은 바로 '존경'이라는 말로 요약될 수 있는 황규원 권사님이시다.
권사님의 삶을 곁에서 바라볼 때마다 본받고 싶다는 마음이 절로 든다. 꽃을 사랑하고, 꽃으로 하나님을 예배하신 권사님의 모습을 떠올릴 때면 기도가 절로 흘러나온다. 하나님께서 이 땅에 권사님을 보내신 이유는, 꽃을 통해 교회를 섬기고 사람들에게 하나님의 사랑을 전하게 하시려는 뜻이었을 것이다.

코로나 시기, 교회가 리모델링되며 자연스럽게 꽃꽂이를 내려놓으셨던 그 손길은 지금도 깊은 여운으로 남아 있다.
무려 77세까지 하나님께 꽃으로 예배하며 섬기신 그 귀한 세월을 주께서 기억하시고, 남은 생애 위에도 더 큰 은혜로 채워주시기를 간절히 기도드린다.
"한국기독교 꽃꽂이 선교회로부터 많은 도움을 받아 꽃꽂이를 할 수

있었습니다."
겸손하게 말씀하시는 권사님의 고백 속에서, 그 깊은 신앙과 온유한 인격이 고스란히 전해진다.

권사님,
당신의 손끝에서 피어난 꽃들은 단순한 장식이 아니었습니다. 그 안에는 기도가 있었고, 사랑이 있었으며, 하나님을 향한 온전한 헌신이 담겨 있었습니다. 33년간 한결같은 마음으로 꽃으로 예배하신 그 삶은 한 송이 꽃보다도 귀하고 아름다운 향기로 기억될 것입니다.
황규원 권사님, 진심으로 존경합니다.

10. 배움 : 아름다운 향기로 수를 놓다

우리는 구원받는 자들에게나 망하는 자들에게나
하나님 앞에서 그리스도의 향기니라.

고린도후서 2장 15절

교회 현관에 들어서면 꽃과 함께 반갑게 맞아주시는 안내 권사님의 모습이 꽃처럼 아름답게 보인다. 권사님의 웃음은 백만 불 달란트처럼 환하고 따뜻하여, 보는 이의 마음을 활짝 열게 한다. 웃으실 때 왼쪽 어금니 쪽에 살짝 보이는 금니가 반짝이며 빛나는데, 그 모습 또한 권사님의 매력을 더해준다.

현관 한켠에 놓인 노란 에니시다 화분이 풍성한 자태로 맞아주니, 기쁨이 배가 된다. 단지 장식용이 아니라, 권사님께서 손수 시장에서 재료를 준비하시고 정성을 다해 꽃아 올린 것이다.
교회 현관을 시작으로 커피숍, 화장실 입구, 화장실 안까지, 곳곳에 꽃들이 놓여 있다. 화장실 거울 앞에 선 꽃들도 방긋방긋 웃고 있는 듯하다. 거울에 비친 내 얼굴까지 환하게 빛나 보인다. 그 순간 나도 모르게 치아

가 보일 만큼 웃게 된다. 성도님들도 이런 마음으로 꽃을 보며 기뻐하시리라 생각하니, 마음이 더 따뜻해진다.

이처럼 꽃 한 송이, 꽃꽂이 하나하나에 성도들의 마음까지도 활짝 피어나게 하는 은혜가 담겨 있음을 생각하니 참으로 감사하다.

본당 입구까지 이어진 꽃장식들은 권사님의 수고와 헌신을 고스란히 담고 있다. 무려 4년 가까운 시간 동안, 권사님은 한결같이 신선한 꽃을 준비하며 하나님을 기쁘시게 해 오셨다.

"어머나, 오늘 이 꽃 이름은 뭐예요? 정말 예뻐요." 꽃을 보며 감탄하는 성도님들의 반응이 이어진다. 권사님은 그런 이야기를 들을 때 가장 기쁘다고 하신다. 몸이 많이 편찮으셨던 때에도 꽃 준비를 멈추지 않으셨던 그 헌신은 하늘나라에 반드시 기록되어 있으리라 믿는다.

봄을 알리는 노란 후리지아, 라넌큘러스, 조팝나무, 연산홍, 팽나무꽃 등 매 주일마다 다양한 꽃들이 교회를 아름답게 수놓고 있다. 이 모든 꽃을 준비하신 분은 바로 이정애 권사님이시다. 하나님께서 얼마나 기뻐하시고, 얼마나 사랑하실까.

꽃꽂이를 통해 하나님을 찬양하는 권사님의 고백 속엔 감사함이 가득했고, 오늘도 향긋한 꽃향기를 솔솔 풍기고 있었다. 모든 성도의 마음을 풍성하게 해주시는 권사님의 사랑이 묻어난다.

사람의 손으로 심은 꽃이 아니라, 하나님을 향한 사랑으로 피어난 꽃. 그 꽃 앞에 선 우리는 오늘도 하나님을 향한 감사와 감동을 배운다.

제5장 감정과 관계 속에서 피어난 이야기

11. 헌신 : 그 시간들

오직 여호와를 앙망하는 자는 새 힘을 얻으리니
독수리가 날개 치며 올라감 같을 것이요
달음박질하여도 곤비하지 아니하겠고
걸어가도 피곤하지 아니하리로다.

이사야 40장 31절

꽃향기만큼이나 향기롭고 아름다운 봉사의 손길,
온 마음 다해 강대상을 섬세히 청소하시고,
온 정성 다해 예배를 준비하시는 그 손길의 주인공,
바로 세광교회 김정숙 권사님이십니다.
그 손길은 성도를 위로하고,
구제에 성실하며,
주의 전을 기쁨으로 부지런히 섬겨오셨습니다.
언제나 또랑또랑한 목소리로,
즐거운 섬김으로
모든 일을 넉넉히 감당하셨습니다.

'왜 그렇게 봉사하실까?'
아마도,
하나님의 은혜로 사는 것이 가장 큰 복임을 믿기에
기꺼이 그 삶을 헌신으로 드리셨을 것입니다.

꽃을 좋아하시던 권사님은
주의 강대상에 꽃꽂이로 하나님께 예배를 올리셨습니다.
꽃처럼 곱고 아름다우셨던 그 시절,
최선의 것으로 주님을 섬기던 모습은
지금도 우리의 마음에 따뜻한 향기로 남아 있습니다.
철야 예배가 끝난 뒤,
말없이 뒷정리를 하시고 조용히 무릎 꿇고 기도하시던 그 시간들.
차가운 의자에 몸을 기대고,
주의 전에서 밤을 보내며 간절히 기도하셨던 그 모습.
"그 모든 시간, 주님은 아시지요."
교회를 위한 기도,
목회자를 위한 헌신,
그리고 늘 한결같이 겸손하고 변함없는 사랑.
말없이 존중해 주시고,
힘든 시간 속에서도 한 번도 부정적인 말씀 없이

감사로 감싸주셨던 그 마음,
잊을 수 없습니다.

세월이 흘러 손은 거칠어졌지만,
그 손길은 여전히 따뜻하고 부드럽습니다.
이제는 그 손길에 담긴 사랑과 헌신이
더 깊은 감동으로 다가옵니다.
하나님이 기억하시는 그 손길,
우리도 마음 깊이 간직합니다.
감사합니다, 권사님.
당신의 섬김이 곧 복음의 향기였습니다.
당신의 헌신이 우리 모두의 본이 되었습니다.
그 손길 위에 하나님의 평강과 위로가
오늘도 넘치시기를 간절히 기도합니다.

화형에 대하여

역 T자형

서양 꽃꽂이로 화훼장식 시험에도 자주 나오는 형태로 다양한 소재를 사용할 수 있다. T자가 역으로 세워진 모습처럼 수직과 수평으로 주제를 선정하여 명확하게 선을 꽂은 후 선을 따라 꽃을 꽂는다. 주의할 점은 삼각형이 되지 않도록 수직과 수평이 만나는 지점에는 꽃을 짧게 꽂아야 한다.

초승달형

양 끝을 이어주는 두 선을 강조하며 서로 마주 보듯 연출한다. '초승달을 보고 만들었다.'는 이야기도 있다. 유연한 선을 소재로 장식 효과가 매우 크다. 8:5:3 비율을 지켜 꽂으면 더욱 아름다운 선의 형태를 볼 수 있다. 모든 꽃꽂이에서 강조하듯 뒤쪽에 플로럴 폼이 보이지 않도록 화형의 뒤쪽도 섬세하게 마무리한다.

S자형

아름다운 곡선으로 우아함과 아름다운 선을 강조한다. 수직과 수평으로 다양하게 연출할 수 있다.

L자형

수직에서 수평으로 이어지는 형태로 수직보다 수평은 ½ 가볍게 연출하였다. 주제를 벗어나지 않도록 연출하며, 선을 살려서 꽃을 꽂아야 더욱 깔끔한 작품이 된다.

폭포수형

1980년대 신부 부케용으로 많은 사랑을 받았던 폭포수형이다. 요즈음은 화기에 꽂아 폭포수 형태로 물이 흘러내리듯 같은 방향으로 꽂으면 된다. 귀여우면서도 얼굴이 작은 꽃으로 세밀하게 연출하면 멋진 작품이 된다.

수평형(테이블 장식)

'평온함'을 떠오르게 하는 수평형 작품이다. 수평으로 낮게 꽂으며 대칭, 비대칭 연출이 가능하다. 테이블 장식과 함께 중심부에 멋스럽고 부드러운 곡선을 사용하면 더 효과적이다.

비산형(스프레이형)

사방을 채워주며 둥근 곡선을 연출하며 구조물을 사용할 수도 있다. 꽃꽂이할 때 항상 유념해야 하는 부분은 균형과 조화이다. 다양한 소재를 활용하여 풍성함을 연출할 수 있다.

부채형

반달 모양으로 꽃과 그린 소재를 배치하는 형태이다.

계절에 따른 꽃꽂이

봄

여름

가을

겨울

나가는 글

하나님의 은혜로 피워낸 나의 꽃 한 송이

어느덧 육십 대 중반,
이제는 건강을 돌보며 잠시 숨을 고르는 시간을 보내고 있습니다.
쉼 속에 문득,
흘러가는 시간이 아쉽게 느껴졌고
그 속에서도 누군가에게 작은 위로와 빛이 되기를 바라는 마음에
조용히 펜을 들었습니다.

왜 신학을 선택했는가?
일찍이 하나님의 사랑을 깊이 경험하며,
말씀 안에서 하나님을 만났습니다.
꽃도 아름답지만 하나님이 만드신 '사람'이라는 꽃이
더욱 소중하고 사랑스러워
그 영혼들을 위해 쓰임 받고 싶다는 마음으로 신학을 결단했습니다.

늦은 나이에 하나님의 부르심에 순종했던 그 용기 또한 은혜였습니다.
나와 남에게 가치 있는 일이 무엇인가를 늘 고민하며 자라온 저에게
신학은 삶의 연장선이자 사랑의 실천이었습니다.

사역과 또 다른 부르심
하나님의 은혜로
주사랑교회에서 2년, 세광교회에서 8년 동안
사역의 길을 걸을 수 있었습니다.
그러나 성대에 폴립이 생기며 사역을 멈추게 되었고,
새로운 길로 요양보호사의 삶을 시작하게 되었습니다.
그곳에서 저는 복음을 전하고픈 마음 하나로
전도의 도구로 글을 쓰기 시작했습니다.
그리고 그 글쓰기가 어느덧 제 삶 속에 깊이 스며들어
기도와 묵상의 통로가 되어 주었습니다.
복음을 전하고 싶은 간절함에서 시작된 글쓰기가
오늘에 이르기까지 이어질 수 있었던 것은
오롯이 하나님의 인도하심 덕분이었습니다.
그리고 그 모든 시간 속에서
말없이 기도하며, 묵묵히 곁을 지켜준 남편의 헌신은
제 인생 가장 깊은 자리에서 빛나는 은혜로 남았습니다.

책을 쓰는 이유

공저 6권, 시집 1권, 신앙 동화 1권을
백미정 작가님의 따뜻한 지도 아래 출간할 수 있었습니다.
그리고《지금 이 자리에서》라는 신앙 공저 에세이 책을
1년에 12번, 묵상하며 필사 완독하는 은혜의 여정을 걸었습니다.
그 시간들 속에서,
교회 절기 꽃꽂이를 주제로 한 저서도 하나님께 드릴 수 있었으니
모든 것이 하나님의 인도하심이요, 크신 은혜였습니다.
제가 책을 쓰는 이유는 단 하나입니다.
꽃과 글을 통해 마음이 지친 이들에게
조금이나마 위로와 쉼을 전하고 싶기 때문입니다.
분주한 일상 속에서도
잠시 멈추어 꽃 한 송이에 눈을 맞추는 그 순간,
단어 하나 문장 하나에 고개를 끄덕이는 그 순간,
마음이 숨을 고르고
예수님의 사랑이 조용히 스며들기를 바라며 펜을 듭니다.

하나님의 은혜, 그 너머

지금 이 글을 쓰는 나는
'쉬는 중'이 아니라,

다시 한 번 나의 삶을 하나님 앞에 세우고 있는 중입니다.

어제의 나는 하나님의 은혜로 여기까지 왔고,

오늘의 나는 벅찬 감격으로 하나님께 감사를 올려드립니다.

왜냐하면, 여전히 글을 쓸 수 있고,

기도할 수 있으며, 책을 읽는 습관이 제게 남아 있기 때문입니다.

이 모든 것이 은혜 위의결혼한 아들,

두 손녀를 말씀으로 양육하며 살아가는 며느리.

말씀 묵상을 삶에 적용하며 몸부림치듯 신실하게 살아가는 가족을 보면 그저 감사할 따름입니다.

나의 오늘도, 꽃 한 송이로

지금 나는 미래를 정해가고 있는 중입니다.

과거의 아픈 기억들도 하나님 안에서 아름다운 추억이 되었고,

앞으로의 삶은 주님의 인도에 순종하며 살아가려 합니다.

오늘도 말씀을 묵상하며,

나의 삶을 꽃으로 피워 하나님께 드리고 싶습니다.

사랑하는 독자 여러분,

끝까지 꼿꼿이 사진과 글을 읽어주셔서 진심으로 감사합니다.

부디, 이 책이 여러분의 마음에

한 송이의 위로와 감사의 꽃으로 피어나기를 소망합니다.

유명순 드림